ME LLAMO CUERPO QUE NO ESTÁ

Cristina Rivera Garza semblanza. Autora. Traductora. Crítica. Sus libros más recientes son *Terrestre* (Random House, 2025), *Me llamo cuerpo que no está. Poesía completa* (Random House, 2024), *Nadie me verá llorar* (Random House, 2024), edición del 25 aniversario; *El invencible verano de Liliana* (Random House, 2021), que ganó el Premio Xavier Villaurrutia 2021 y, por su edición en inglés, el Pulitzer Prize 2024; *Autobiografía del algodón* (Random House, 2020); *El mal de la taiga* (Random House, 2019), cuya traducción al inglés (por Suzanne Jill Levine y Aviva Kana) recibió el Shirley Jackson Award 2018. En 2020 obtuvo la MacArthur Fellowship; y en 2021, el Premio Iberoamericano de Letras José Donoso. Es Hugh Roy and Lillie Cranz Cullen Distinguished Professor en la Universidad de Houston, donde fundó el doctorado en Escritura Creativa en español. En el 2024, recibió el Premio Pulitzer en la categoría memorias/autobiografía.

ME LLAMO CUERPO QUE NO ESTÁ

Poesía completa

Cristina Rivera Garza

LUMEN

Título original: ***Me llamo cuerpo que no está.***
Poesía completa

© 2026, derechos de edición mundiales en lengua castellana:
Penguin Random House Grupo Editorial, S. A. de C. V.
Blvd. Miguel de Cervantes Saavedra núm. 301, 1er piso,
colonia Granada, alcaldía Miguel Hidalgo, C. P. 11520,
Ciudad de México
© 2026, Penguin Random House Grupo Editorial USA, LLC
8950 SW 74th Court, Suite 2010
Miami, FL 33156

© 2023, Sara Uribe, por el prólogo
Diseño de Portada: Penguin Random House
Fotografía de Portada: Juan Rodrigo Llaguno

ISBN: 979-889-098-730-3

Impresión digital bajo demanda

156016905

PRÓLOGO
El diminuto mecanismo de las máquinas que sueñan

Por Sara Uribe

En los poemas de Cristina Rivera Garza hay sopas instantáneas, sillas de plástico color naranja, mandarinas desgajadas, batas de franela, lentejuelas, rímel y risas, *una cajera cuando devuelve el cambio,* papas fritas, *té de menta o té de naranja o té de jazmín,* Valium, dos cajas de Marlboro light, trescientas aspirinas, vasos de leche, flores de plástico, botes de basura, escritorios de metal, latas de sardinas, cables de teléfono, ambulancias, rocolas. También hay personajes como la Mujer Enorme, la Ex-durmiente, la Ex-Muerta, la Diabla, la Bestia, Los Sumergidos, los Desamparados y los Solos y los de Tres Corazones Bajo el Pecho. Además de algunas de las frases con las que suelen iniciar los cuentos infantiles —para sumergirnos en una suerte de ensoñación o enrarecimiento, propicios de la clase de historias que estamos a punto de leer—: *Había una vez. O dos. Érase que se era. Érase que fue o que habría sido.* La poesía de Cristina Rivera Garza es una carretera bífida: un camino que se bifurca entre la materialidad más tangible y rotunda y la posibilidad de lo contingente, de lo que podría o no suceder. Sus poemas son un lugar donde es viable que lo que es sea; pero, sobre todo, y como anhelaba Alejandra Pizarnik: que *sea lo que no es.*

Me llamo cuerpo que no está reúne los cinco volúmenes de poesía que Rivera Garza publicó en el Fondo de Cultura Económica, Bonobos Editores, Mantis Editores y el Consejo Nacional para la Cultura y las Artes durante una década, de 2005 a 2015. Se trata de una obra poética entreverada por las relaciones entre palabras, cuerpos, territorios y afectos y configurada a partir de precisos dispositivos de escritura y de lectura. De poemas que transforman a sus lectores en traductores-detectives-cómplices y se expanden más allá de la página impresa. De una lírica sedimentaria, enmarcada en paisajes y atmósferas donde la enfermedad y el amor, la errancia y los (d)años, el tumulto y la vehemencia, la violencia y la muerte, el fin del mundo y los sonidos de otros mundos pasados y futuros se erigen expedientes de registros, residuos, espejos y espejismos en los que el lenguaje es siempre *dientes y carne y emoción*.

Ya sea desde un hospital, la *Ciudad Más Grande del Mundo*, el mar del Norte, el lugar de los hechos —callejones, zanjas, explanadas, páginas o bosques—, enormes paredes blancas —de un blanco que podría de ser de nubes, algodón o nieve—, bajo la lluvia o las olas del Pacífico, en Shanghái ca. 2034 o 2065, en un país *por desaparecer o desaparecido* los poemas de Rivera Garza nunca nos permiten salir ilesos. Provocan un extrañamiento propio de quienes toman distancia de lo cotidiano para repensarlo y reinventarlo. Conmocionan, principalmente, porque saben muy bien cómo trastocar los engranajes más hondos de nuestra percepción.

El diagnóstico médico y la definición enciclopédica, el sampleo y el remix, la redacción telegráfica y la nota roja, la bitácora y el archivo, las colindancias y las reescrituras, así como los vasos comunicantes e intertextualidades que tiende entre su obra poética y la narrativa son algunos de los formatos y estrategias de escritura frecuentes en los libros que integran este volumen. Esta celebrada y necesaria edición de su poesía completa hace posible trazar un recorrido lector por el devenir poético de Rivera Garza. Detenernos a observar cuáles son sus obsesiones, sus continuas interrogaciones y búsquedas, sus derivas. Percatarnos del modo en que sus poemas —al igual que las personajas que bautiza como las *Increíblemente pequeñas forajidas*— a pesar de andar a salto de mata, errantes e insomnes, guardan un momento del viaje para reír y danzar y fumar en salones de baile finimundistas iluminados por luciérnagas.

Mira cómo se deshace en el aire el verbo deshacer

¿Qué es lo que hace esta poesía desmarcada, muchas veces *salvaja* y a la intemperie cuando la leemos? Producir presente. Los poemas posautónomos y desapropiativos de Rivera Garza fabrican presente en tanto que reescriben cuerpos y territorios textuales del pasado, del hoy o del futuro; desestabilizan y cuestionan la propiedad mediante autorías plurales; y, particularmente, porque desvelan el trabajo comunal que antecede a la creación personal: muestran la deuda que toda escritura tiene con el lenguaje de les otres. Josefina Ludmer sostiene que las literaturas posautónomas son *experimentales, resistentes y críticas de la institución "literatura"* y Rivera Garza acota que *en el experimento todo es potencia: no se miden los resultados sino el proceso*. Por ello, en sus poemas, hechos de múltiples voces y procedimientos que maniobran con la materialidad de las palabras, lo que está en juego son las formas en que dichos mecanismos generan sentido cuando son activados por nuestra lectura.

A la poesía de Cristina Rivera Garza no le importa si es o no literatura: hay en ella posteos de blogs, tuits, telegramas, textos de Wikipedia, las palabras de Luz María Dávila para increpar y desbienvenir a un presidente, escrituras provenientes de artículos periodísticos, obras narrativas y canciones. No le interesa remarcar con precisión los bordes entre los géneros o entre realidad y ficción; de ahí que emerja cada tanto entre sus páginas la invitación a suspender las certezas y la credibilidad en las frágiles convenciones del mundo real que, según Ana Llurba, plantea la frase performática *Érase una vez*. No desea ser asociada con una visión romántica donde los poemas son *actos de inspiración y genio individual*, así que hace patente el truco del mago y nos deja ver la urdimbre, la hechura y las costuras de sus poemas. Desapropiada, su poesía deshace y rehace. Nos comparte la tarea de rearticular lo que entendemos como poético en el siglo XXI.

Cuerpo de tu cuerpo en el que estás adentro

Los poemas corpóreos de Rivera Garza manifiestan lo que alguna vez escribió Jean-Luc Nancy, que *un cuerpo empieza y termina contra otro cuerpo*, de tal manera que originan lo que Amelia Gamoneda define como "cuerpo extraño": *una emanación del cuerpo propio y a la vez del cuerpo contiguo, yuxtapuesto al cuerpo que lo escribe.* Estos cuerpos extraños establecen relaciones de porosidad: se irrigan entre sí.

En *La más mía* (1998), su primer libro de poemas, Rivera Garza desarrolla una poética autoficcional en la que aborda la hospitalización y el tratamiento quirúrgico de su madre a causa de un aneurisma: *se trata de Hilda Garza Bermea, paciente femenino de 53 años la cual tiene un Dx de un aneurisma de la Arteria Carótida Interna en la región supraclinoidea.* Dicha corporeidad ingresa al poema acompañada en todo momento. En primera instancia, aparece rodeada de cuerpos convulsionados, epilépticos, llenos de piquetes, tullidos y desahuciados.

En segundo lugar, y como si la enfermedad se propagara, el cuerpo extraño se expresa en la ramificación de la madre en una serie de cuerpos y territorios limítrofes: es el cuerpo de la hija-enunciante-Cristina-Rivera-Garza-autoficcional, quien lanza invectivas contra las opresiones de género y *la disciplina feroz del amor.* El cuerpo doliente de su otra hija —que, tras leer *El invencible verano de Liliana* (2021), sabemos que se trata de Liliana Rivera Garza—: *enterrada y muerta desde hace siete años/ enterrada y muerta a los pies del volcán del valle más alto/ enterrada y muerta en la ciudad más mezquina y más fría/ enterrada y muerta y vuelta huesos y vuelta polvo y vuelta escándalo.* Y, finalmente, la corporeidad evocada de su progenie: tías, abuelas, primas, *todas las mujeres de tu casa.*

En *Yo ya no vivo aquí* (2005) y *¿Ha estado usted alguna vez en el mar del Norte?* (2005) el cuerpo extraño se articula, por una parte, de la evocación de cuerpos que en el pasado estuvieron existencialmente contiguos al de la enunciante, que alguna vez fueron su caterva o su cuadrilla, su complicidad o su deseo; del recuento de luces indescriptibles y palabras polisémicas, de conocidos y desconocidos y el humo de sus cigarrillos; así como de la irrupción de los acordes y la voz en off de Rockdrigo González cantando *Distante instante.* Y, por otra, de la cartografía que conforman el Terzo, *la Ciudad Más Grande del Mundo*, el Metro, el mar del Norte y Tijuana. Estos nodos territoriales-afectivos —a modo de casa o carcasa— aglutinan a una serie de personajes irresueltos y a un mismo tiempo categóricos:

(...) los orates, los locos de remate, las piratas,
los lisiados de preguerra, los pirados, las mariquitas,
los drogos, las mujeres sin hijos ni marido,
los pránganas, los mudos para siempre, los inútiles,
los poetas, los quebrados (...)

Desde *Los textos del yo* (2005), y como continuará haciéndolo en *La muerte me da* (2007), *Viriditas* (2011) y *La imaginación pública* (2015), la inscripción de lo corpóreo en los textos sucede al revelar su interior mismo: pulpa, músculos, tejidos, arterias, cartílagos, huesos. O, también, como atomización que fracciona al cuerpo en *Cuello. Ojos. Oídos. Nariz. Senos. Dientes. Boca*; y al texto en pronombres, adjetivos, sustantivos, verbos, preposiciones y adverbios. La conversación entre estas materialidades —a partir de la focalización y el seccionamiento— crea una argamasa en la que, en efecto, *un cuerpo empieza y termina contra otro cuerpo*: el cuerpo físico y el de las palabras se (con)funden. En la poesía de Rivera Garza el lenguaje es corporeidad, y ésta, producción del sentido del mundo y de comunidad: *dame un cuerpo e inventaré la vértebra gramatical.*

Mi gusto por el corte súbito de la frase

Los apócrifos poemas de Anne-Marie Bianco de *La muerte me da* (2007), publicados como libro autónomo, pero también dentro y como parte de la novela homónima, segmentaria y desapropiativa *La muerte me da* (2007), operan como apéndice y miembro fantasma. En ambas obras Rivera Garza plantea, en términos de Michel de Certeau, *una práctica cercenadora del lenguaje*, una poética que produce al cortar:

(¿Qué es un lugar? ¿Qué es un hecho?)
Una zanja. Un callejón. Una oscuridad. Una casa
abandonada. Un esqueleto. Un bote de basura. Un
féretro. Un departamento en esa esquina. Una esquina.

Un parque. Un gemido. Un túnel. Una plena luz del día. Una calle. Una vía rápida. Una vía más rápida. Más.

La fragmentación que hace de oraciones, palabras y sentido puede leerse igualmente en poemas de *La imaginación pública* (2015) como "El sueño es un sustantivo": *sueño. lugar rocas color piezas concreto. lugar carácter balneario aire lugar cauce río Turia ciudad. cauce las orillas*; "Soñar es un verbo": *Escribo se esfume retengo Estoy parecen tiene es Estoy se parece serlo es cruza está tiene*; y *"c. Aire de una forma incorrecta"*:

La traque/ostom/ía
corta
el cir/
cuito y los tu/
bosendotraq
/ueales
impiden el
ci/
errede
la glo/
tis

Si lo poético *no reside en la unidad del poema sino en su no-unidad, en su carácter roto de falta, de falla, de energía no domesticada*, como argumenta Mario Montalbetti, podemos rastrear en la poesía de Rivera Garza un resto no domesticado que se manifiesta a través de la lucha con el lenguaje para desasir las palabras del significado, generando así textos en los que no prevalece la unidad ni la totalidad. Por ello, en sus poemas indomesticados la sintaxis suele aparecer fracturada: con ilegibilidades, opacidades y tachaduras. Con una poética inestable que instala temblores, rupturas y reverberaciones.

Los poemas-telegramas de la sección "Me llamo cuerpo que no está: los enclíticos" son una muestra más de este trabajo con el lenguaje hecho de quiebres, pausas e interrupciones: *VIÉRONLAS CALLAR INMÓVILES OTRO LADO VENTANA, VIÉRONLAS CAER ABISMO CAJUELA TUMBA; HÁBLOLES VOZ BAJA MURMULLOS SEÑAS; PLATIQUEN ÁRBOLES BOSQUE; VIÉRONLAS RUINAS CAMPO ALASKA [...] VIÉRONLAS SALONES BAILE FINIMUNDISTAS LUZ EXTRAÑA.* Nos hacen interrogarnos: ¿qué es lo que se produce al abrir estas fisuras? ¿Qué es lo que habita las grietas entre las palabras "caer", "abismo", "cajuela" y "tumba"?

En nuestro presente, en México, más de cien mil personas han desaparecido en el lapso de dos décadas y más de diecisiete mil mujeres han sido víctimas de feminicidio en los últimos cinco años. ¿Cómo podrían los cuerpos textuales permanecer indiferentes y no dar cuenta de ello? Si hay ausencia de cuerpos también las palabras se ausentan, parece decirnos esta instalación de huecos en los poemas de Rivera Garza. El lenguaje, como Gamoneda afirma, es una *materia sonora portadora de afectos*, por ello, esta oquedad, esta práctica cercenadora, esta respiración entrecortada, esta resistencia a la domesticidad es otra forma de *pedir que regresen vivas*; otro modo de decir: *había que buscarlas. Fuimos porque nos dijeron que allá*; *Le dijimos a todo mundo lo que hacíamos: buscarlas. Pusimos anuncio*; *Dimos parte. Partimos. Nos partimos en muchas partes.*

Envíoles instrucciones telepáticamente

Los poemas algorítmicos están elaborados a partir de lo que Rivera Garza describe como una *cláusula secreta* y Belén Gache denomina "algoritmo o partitura": *un set de instrucciones para llevar a cabo una acción*; una directriz previa a la escritura que la programa a efectuarse bajo ciertos mecanismos detallados en cédulas y encaminados a producir direcciones u operaciones de sentido en el poema. *Escribiré una frase y borraré dos, y entonces escribiré otra frase. Borrar es importante también,* indica en *Viriditas* (2011) para dar cuenta de los procedimientos de borradura implícitos en su confección.

En *La imaginación pública* (2015) dichas partituras están orientadas a trabajar con recortes de lenguaje ajeno y formatos de redacción generados de manera colectiva, como lo son la obra de Dodie Bellamy y Guadalupe Dueñas, la escritura telegráfica y la producción textual de los wikipedistas. Por ejemplo, el algoritmo *[Las instrucciones: se trata de las enfermedades que sufrió mi cuerpo durante el 2012. Ante cada nueva enfermedad, busqué las definiciones en Wikipedia. Con ese lenguaje de otros, mediado por las máquinas de hoy, elaboré los poemas anteriores.]* instruye una escritura de procesos coautorales que reescribe algunas nociones de enfermedades provenientes de Wikipedia, articulando así la experiencia corporal de la autora a través de un lenguaje comunitario y anónimo. Del mismo modo, en el caso del telégrafo —*Se usarán términos enclíticos, como "solicítole", "agradecémosle"/ Se deberá, en lo posible, utilizar palabras que no pasen de 10 caracteres*—, Rivera Garza se desapropia de la sintaxis enclítica de un aparato en desuso para restaurarla en la escritura de poemas-telegramas. Estos dispositivos escriturales originan nuevos repartos de lo sensible —en palabras de Jacques Rancière—, en tanto que gestan tejidos de experiencias y significaciones en las que trabajos comunales del lenguaje y redacciones no literarias ingresan al campo de lo leído y percibido como poesía.

Taquifantasmática

Los poemas intermediales de Rivera Garza exploran los vínculos entre la escritura y su materialidad: ¿qué clase de artefacto híbrido se genera si trasvasamos textos originalmente redactados en blogs o en plataformas de edición anónima y colectiva a libros impresos? ¿Cuál es, parafraseando a Katherine Hayles, la relación intrínseca entre las palabras y el soporte físico que las contiene? ¿Se construye un poema-expediente, un poema-boomerang, un poema-loop, con todas las versiones, huellas y bucles que el poema va inscribiendo en las tecnologías y materialidades por las que transita?

En *¿Ha estado usted alguna vez en el mar del Norte?* (2005), por ejemplo, hay fragmentos de la blogsivela escrita en la primera bitácora electrónica de Rivera Garza: *Words are the Very Eyes of Secrecy* (2002-2003). Mientras que *El disco de Newton. Diez ensayos sobre el color* (2011) fue redactado en el blog *No hay tal lugar. U-Tópicos contemporáneos* (2004-2023), que la autora creó sobre el mismo dominio: www.cristinariveragarza.blogspot.com —eliminando así *Words are the Very Eyes of Secrecy*—. Una vez publicado el libro, los textos de las entradas, que habían aparecido acompañados de imágenes, fueron retirados y sustituidos por el siguiente mensaje: *[Disculpe las molestias que le ocasiona esta obra. Mujer trabajando en* El disco de Newton. Siete ensayos sobre el color.*] / --crg*, de modo que hoy día no es posible acceder a ellos desde *No hay tal lugar. U-Tópicos contemporáneos.* En ambos casos, la sustracción de las escrituras digitales que preceden a los poemarios impresos podría pensarse como una invitación subrepticia a una excavación minuciosa de las trazas-migas de la materialidad nómada de los poemas.

Dicha arqueología es posible en *Viriditas* (2011) gracias al algoritmo de lectura que Rivera Garza inserta para que opere como un hipervínculo hacia su soporte mediático primario: *Las fotografías que acompañaron cada una de estas que son entradas de unos cuantos días del verano de 2010, pueden ser vistas en www.cristinariveragarza.blogspot.com, justamente en las fechas indicadas en cada uno de los textos que aparecen en este libro.* Si ustedes siguen esta instrucción —y sugiero enfáticamente que lo hagan, que persigan al conejo blanco de Alicia en el país de las maravillas— hallarán en la bitácora electrónica *No hay tal lugar. U-Tópicos contemporáneos* la serie de entradas que integran el poemario, inicialmente titulado *Un verde así.* Cuando tras buscar en el archivo de posteos den con las publicaciones, notarán que hay un guiño extra, una interacción final requerida para acceder a los textos como parte de esta lectura expandida que conecta las palabras del objeto físico libro (*Viriditas*) con las imágenes e inscripciones del artefacto digital blog (*Un verde así*). Entonces se habrá completado el viaje que los llevará del presente al pasado y al futuro de la materialidad de *Viriditas*:

Sábado, Junio 12, 2010
1:41 PM

Cosa de elevar el rostro y encontrarlo. Un verde así. Desde las banquetas de la noche, los cuatro pasos. Alrededor: las melodías, las voces, los cuerpos. Adentro: el sonido de otro mundo. La rocola es un castillo de cristal. ***Como desde Shanghái, en el futuro.*** *Como si viera Shanghái en el 2017. Tal vez más tarde, incluso.*

En *La imaginación pública* (2015), además de la creación a partir de Wikipedia, se fabrican poemas mediante el uso de *The Lazarus Corporation Text Mixing Desk v2.*, una máquina digital que recombina texto. Su funcionamiento consiste en introducir en el recuadro de su interfaz fragmentos de las escrituras que se desea postproducir para posteriormente programar la frecuencia de los cortes aleatorios y los ecos o repeticiones de palabras. El resultado son poemas bajo la coautoría de Bellamy, Dueñas, Rivera Garza y el robot mezclador; así como una sintaxis temblorosa:

El árbol poseído
esto: las que viajan sangre piernas

¿ya descubrieron su sitio y el corazón que avanza
un de noche por el Ártico?
[...]

Me he firmamento.

Los poemas afantasmados, los poemas-máquinas-del-tiempo, los poemas-Hansel-y-Gretel de Rivera Garza nos hacen cuestionar los criterios acerca de quién puede articular lo poético, así como los materiales, artefactos y soportes posibles para hacer poesía. A la par, provocan las siguientes preguntas: lo que deja la escritura del poema tras de sí en las tecnologías que lo procesan, esos residuos, esos remanentes, ¿son también parte activa del poema?; y, sobre todo, ¿con el lenguaje de quiénes habremos de escribir nuestra poesía?

TODOS LOS LIBROS SON COMUNALES, SE SABE

Los poemas comunales, los poemas citacionistas de Rivera Garza exhiben que cada texto es rearticulación de múltiples cuerpos textuales —visuales, escritos, sonoros—, que el lenguaje es una tierra y un trabajo compartido: *a través del disco de Newton, un viejo ejercicio escolar, los niños aprenden que el blanco resulta de la rápida combinación de todos los colores.* En *El Disco de Newton. Diez ensayos sobre el color* (2011), los poemas declarativos, los poemas-variaciones, los poemas-casa-de-espejos, los poemas vagabundos —con diálogos estructurales con la narrativa de David Markson— acumulan descripciones, hechos, datos históricos, parafraseos, preguntas, conjugaciones verbales, títulos de libros y de obras, raíces etimológicas, citas y referencias a partir de las cuales se establece un juego de proximidades y reflejos con los hermanos Grimm, José Carlos Becerra, Octavio Paz, Kieślowski, Hemingway, Virginia Woolf, Duchamp, Tanizaki, López Velarde, Rae Armantrout, Gustavo Doré, Françoise Sagan, Toni Morrison, Mark Rothko, Lisa Robertson, Gertrude Stein, Wittgenstein y Aristóteles, además de médicos y otros especialistas:

> *Muerte por agua es el título de una novela de Julieta Campos.*
>
> *"Existe una sensación de lloro y una quemazón en el pecho a medida que el agua desciende por las vías aéreas, luego viene esa especie de caída en una sensación de calma y tranquilidad", comenta Mike Tipton, fisiólogo y experto en supervivencia en el mar de la Universidad de Portsmouth en el Reino Unido.*
>
> *Los abogados suelen ocasionar una pena infinita.*

Así, este pequeño archivo poético del mundo y las otras hojas de registro, cuadernos de notas y expedientes a varias manos e interfaces que se construyen en cada uno de sus libros se sustentan en una práctica escritural que asume, como la propia Rivera Garza escribió en *Los muertos indóciles* (2013), que *utilizamos en la escritura un lenguaje prestado, es decir, un lenguaje que es de todos y que, luego entonces, reutilizamos.*

Si tienes hambre, pídeme lenguaje

Rivera Garza va desperdigando pedacitos de pan o de palabras para que podamos hallar la casa en medio del bosque, para que indaguemos quién es realmente el ogro, que no hay héroe ni final feliz. Los modos entrañables en que la potencia de sus poemas se infiltra en las coyunturas de nuestra experiencia y nuestra cotidianeidad más íntima nos hacen proclives a pedir más y más lenguaje. *Escribir no es sólo escribir sino también temblar y rogar y decir qué hago con esto tan grande, con esto tan duro, con esto tan ciego,* ha escrito Leila Guerriero. Leer la poesía de Cristina Rivera Garza nos hace temblar y rogar y *conjurar* y *adorar* y *avizorar* y *fosforecer* y decir qué hago con esto tan vivo y tan roto, tan mío y tan tuyo, tan real y tan incierto, tan querido y tan atroz.

Tampico, Tamaulipas, enero de 2023

LOS TEXTOS DEL YO
(2005)*

* Los poemas de este libro se publicaron por primera vez en el Fondo de Cultura Económica.

Llegar al punto en que no sea importante
hablar del yo o no hablar del yo.
DELEUZE Y GUATTARI

Decir yo es anonadarse, volverse un pronombre
algo que está fuera de mí.
ALEJANDRA PIZARNIK, *Diarios*

LIBRO I:
LA MÁS MÍA

Para los doctores Rogelio Revuelta
y Héctor Flores

Aneurisma: m. (del gr. *aneurysma,* dilatación).
Tumor sanguíneo causado por la dilatación de una arteria.

1.
[HOSPITAL DE NEUROLOGÍA]

Hay un hombre entre nosotros
los que aguardamos la muerte, los que estamos despiertos
desde el alba hasta el advenimiento del alba
sobre sillas de plástico color naranja y los huesos rotos
de tanto ir
hacia el vidrio de la esperanza
hacia la burla inminente de la esperanza
hacia la crucifixión puntual de la esperanza.

Alguien acaba de morir. Son las 3:20 de la mañana.

El hombre entre nosotros está sentado como nosotros
con los codos sobre las rodillas y los ojos estancados
en este afuera del mundo que es un mundo
antiséptico y claro
el residuo alrededor y abajo y atrás de todo lo que es:
una burbuja de piel casi humana cruzada de sondas
amarillas
por donde entra el aire y sale la súbita falta
de aire;
un mundo de isodine y yodo y otros olores sin olor
que borran el olor de los cuerpos en su propia
malformación
sus propios errores, sus propios tumultos, sus propias
y genéticas imperfecciones;
un mundo acechado por el azar de dios y rodeado
de ventanales ilesos
ventanales impávidos

muros de córneas bruñidas por la luz urbana de marzo
que todo lo aleja y todo lo difumina;
un mundo donde algunos visten de blanco y caminan
y otros muchos visten de negro y callan inmóviles
        porque alguien acaba de morir
aquí donde son siempre ya las 3:20 de la mañana
y donde se muere en el sueño lógico de los sedantes
        y el no saber
que ya no habrá más, nada más, para nosotros
los que esperamos con el pulso disminuido
        de no querer sentir
deseando con todos los dientes ese letargo suyo
        de nunca saber
que nos quedamos aquí, hora tras hora, encendiendo
        cigarrillos
bebiendo café negro, imaginando al hombre que está
        entre nosotros
dulce y voraz como ninguno
encerrado en el cántaro de la sed y el cántaro
        del deterioro
nuestro como el animal que llevamos dentro
que es inaccesible a nosotros los que sabemos de morir
y de soportar la sobrevivencia desde la medianoche
hasta el advenimiento de la medianoche.

2.
[LO QUE VEO A MI ALREDEDOR]

La mujer que encontró la inmovilidad después
de la última rabia del último día
después de todos los otros días y todas las otras rabias;
el epiléptico de Zacatecas que tiene hambre y no ha
comido en dos semanas
el que llega reptando de la ciudad con la lengua
y las manos y las piernas y los ojos
convulsionados por grandes ataques mientras repite
la palabra *estrella*
la palabra *madre*;
la muchacha de veintiuno a la que han operado
veintiún veces, una y otra vez, cada año
podando infructuosamente las ramas verdes del árbol
magnífico
esa planta carnívora que crece en el centro mismo
del cerebro
y por ello hermosa y por ello indescifrable
(como las minas olvidadas de una guerra perdida antes
del inicio
antes de los pronunciamientos y antes de los cánticos
y antes de saber que habría guerra)
y por ello trágica y por ello deleznable como el único
enemigo dentro del cuerpo que es el cuerpo
mismo;
el muchacho casi niño de largos brazos y largas piernas
llenas de piquetes
el que está tendido sobre un lecho desinfectado
con los ojos a medio abrir y a medio cerrar

como quien añora el sol sin haber sol dentro de esta
    vasija blanca
el que respira con el tubo de plástico azul entre
    los labios abiertos
con las manos atadas y los pies atados porque no es
    un enfermo fácil
con la madre sola leyendo en voz alta los pasajes de
    un libro irreal
palabras subrayadas por la nube púrpura y desigual
    del cemento y la morfina:
"vine a Comala porque me dijeron que acá vivía
    mi padre";
la mujer, la más mía, en cuya carótida flota el globo
    frágil, el globo cruel de un aneurisma
la malformación congénita y silenciosa que la tiró
    de bruces bajo la regadera de las siete
y nos la entregó después, días después, meses después
con el cerebro lleno de las palabras sin sentido de la
    poesía y los 28 años que decía volver a tener.

En el alrededor veo a mi madre.

3.
[*¿A PARTIR DE QUÉ LUGAR COMIENZA A SER PELIGROSO SEGUIR ALEJÁNDOSE*? SAM SHEPARD]

Son las seis de la tarde
es la hora en que los hombres callan y las mujeres
dicen la verdad.
La media naranja de luz reúne a los que todavía no son
amantes en las calles.
Hay tres cicatrices en la mejilla izquierda del aire.

Hoy quiero hablarte como los árboles: con sombras
en el silencio más negro
quiero ser la estática temeridad del paisaje, el contexto
el verbo permanecer.

Ahora. Por primera vez.

¿Hace cuántos años que no estaba a tu lado
escudriñándote los pies?
¿Cuántas auroras viste que yo no vi contigo?
¿De qué tela era el dolor que nunca compartimos?

Me alejé de todos con el tiempo pero al inicio me fui
de ti.
Entonces bastó con abrir la ventana del lenguaje
para montarme en la grupa del aire.

Te digo que la lejanía me dio un esqueleto,
una historia, una leyenda.
Te digo que en las pasturas de su lengua conocí
el trapecio del *yo* y lo usé como un abismo.
Todo en el horizonte parecía preñado de luciérnagas

a punto de ser y de no ser.
Una ficción.

Te digo que con manos de trementina la lejanía me
hizo tragar artificiales alimentos
líquidos verdes en las mañanas y sólidas acuarelas
cuando ya todo era tarde.
Nada te dolerá, murmuraba. Y nada dolía.
Te digo que las dos éramos dúctiles amantes.
La lejanía me regaló una morada sin techos
y un rombo y diez dedos de tinta.
Todo lo que yo tocaba se teñía de azul, te digo.
El cielo, la respiración, mis huesos.
Un azul definitivo.

Te digo que mi cuerpo se tendió como una hilaza entre las sílabas de
las palabras no estar.
Ninguna bala lo tocó, ningún rasguño, ningún deseo.
Ella fue buena conmigo, te digo. Me cuidó
con sus destellos.
Como una madre me amamantó de olvido y me creó
todas las células con genes nuevos.
Ella se convirtió en mí y yo fui siempre toda de ella.
Hueso a hueso
muñón a muñón anochecido
cartílago a cartílago
todas las moléculas.

Te digo que su bondad era infinita y estaba hecha
de un aire con olor a membrillo
que me llenaba la nariz con su arco y con su flecha.
Te digo que la quise más que al lenguaje,
más que al origen, más que al destino
que deposité entre las flores de sus puertas.

Te digo que con su anzuelo bien hendido
en el pabellón del paladar
la lejanía me llevó corriente arriba hasta llegar
al manantial donde todo fue silencio.
Nunca supe que tenía frío.
Nunca pude identificar el hilo que me cosía
los órganos por dentro.
No tenía necesidad.
No usaba vestidos.
Nada me hizo virar la cabeza ni volver la vista atrás.
Te digo que sólo tenía ojos para la eternidad.

Pero reconocí tu voz una tarde como ésta a la hora
de las seis
cuando la alarma de sirena se coló bajo los muros
y me atravesó la piel.
Fue cuestión de unos segundos
un boleto de avión, dos maletas.
Regresé a ti con toda mi urgencia.
Tú estabas a punto de morir y yo estaba solamente
por primera vez.
Cierta como una raíz y enmohecida como las bisagras
de las puertas.

Entonces entendí a Vallejo y entonces repetí:
nunca lo lejos arremetió tan cerca.

Te digo que quiero tener la voz del árbol que plantaste
dentro de mí.
Te digo que soy la fruta y el jugo de la fruta que deja
el escozor bajo la lengua.
Te digo que me tomes como a una plaza,
un continente, un país.
Son las seis de la tarde y voy de camino hacia ti.

4.
[ÉSTE ES EL MOMENTO DE HABLAR]

La más mía está postrada dentro de su cuerpo.
Bajo la bóveda del cráneo
en la magnífica flor gelatinosa y rosácea del cerebro
con la simetría exacta de su lado izquierdo y su lado
derecho
en la raíz del solitario tallo perfecto y vertical
donde las venas se enredan y estallan las puntas
del sistema de los nervios
mi madre es un pétalo dentro de la caja de su cuerpo.

La dadora de vida
la por sobre todas las cosas dadora de la vida
cayó dentro de sí misma.

Éste es el momento de hablar.

Están los días, los muchos días y años atrás, al inicio,
en que no te quise.
Los días en que crecer en mujer era un dictamen
insensato y maligno.
Los días en que tu fuerza de mujer sólo acrecentaba
mi debilidad de mujer.
Los días y muchos años en que tu mundo
de manualidades y sonrisas y horas exactas
no podía ofrecerme nada para alejar el aburrimiento
de crecer en mujer.
Siguieron los muchos años y los tantos días bajo
la cara del daño.

Porque para doblegar a tu mundo sin ángulos,
a tu mundo de marea y de espumas
al mundo en que la sentencia suprema y de por vida
era crecer en mujer
tenía que encontrar el mecanismo pequeñísimo
de la astilla en la palma de la mano
la fractura exacta en el talón de Aquiles y todos
los otros talones de todos tus pies
puño de sal que hace parpadear los ojos a fuerza
de arder.

En los días en que el daño fue un alfiler de luz capaz
de despertar la vigilia de los inocentes
están las horas, las infinitas horas de la promiscuidad
estratégica de los cuerpos
están las noches en que esta guerra entre tú y yo
violentó los sexos de los hombres
y de las mujeres
entrelazados sobre lechos de alcohol
y anfetaminas
en la planicie vasta y agria de los brazos que se abren
para cerrarse.
Están las madrugadas que encadenaron cada una
de mis extremidades a cada una de las tuyas.
Los meses de fuga hacia el pacífico y el *speed*
y la explanada sin gente de la cocaína
donde la prisa volaba con alas de cal entre
los monumentos grises de la realidad.
Están los muchos segundos sombreados
por los moretones de la poesía.

Y cuando el daño terminó de confeccionar mi soledad
de mujer mía
mi armadura de mujer sólo mía

volví a casa para encontrarme contigo.
Venía de la noria, de días y más días sin baño
    ni alimento
escapando de la rueda de la fortuna y de la rueda
    del infortunio.
Entonces empezaron los otros, muchos días y más años
    y más
en que te amé como si nunca te hubiera conocido antes.
Con rabia
con la discreción que provoca el miedo y la timidez
arrojé el animal de mi amor a tu mesa redonda
    de ocho lugares
a tus ventanas sin cortinas y la calefacción incesante
    de tu entorno
a tu fuerza de mujer por sobre todas las cosas
    implacables y disímbolas.

Están los días y muchos años en que el animal
    descubrió el sosiego entre tus manos.

Y mi soledad de mujer y mi armadura de mujer
    pudieron ser débiles
y pudieron escapar en su inermidad de su soledad
    y de su armadura
para ser sangre de tu sangre
pan de tu pan
cuerpo de tu cuerpo en el que estás adentro
tan mío como tuyo y más mío que tuyo en estos
    muchos días, algunos meses
que llevamos postradas ante la flor gelatinosa y rosácea
la flor nuclear
la imperfecta flor de nuestro cerebro.

5.
[LA PROBABILIDAD]

Hay que hacer trámites y firmar papeles.
Tenemos que autorizar la sierra que abrirá el abismo
en el cráneo
el filo del escalpelo que hunde y horada
la aguja que se llevará el líquido raquídeo a otro lugar
dejando al cerebro pequeño y seco como el interior
de una nuez,

Tenemos que estar conscientes.
Escribir los nombres que tú creaste al pie de formatos
desteñidos
disculpando de antemano el error si ocurre
o celebrando el azar
que también puede ocurrir si dios tiene ganas
si dios, por segunda vez, nos muestra el lado dulce
de su cara.
Después tenemos que esperar los designios
de la probabilidad.
No podemos hacer más.

6.
[HORA DE VISITA]

De tres a cinco, cuando podemos respirar y dejar
de mordernos la uñas
está prohibido sentarse cerca de ti a la orilla
de tu lecho angosto y sin olor
pero me siento cerca de ti
y eres tú y no yo la que desgaja las mandarinas.

Ésta es la hora de volver a hablar.
Yo soy la decepción
la única de tus dos únicas hijas que logró sobrevivir
a la tortura
la condena de crecer en mujer;
la que salió corriendo del valle más alto y la ciudad
más mezquina
en dirección contraria al volcán de todos nuestros
veranos y todos nuestros inviernos;
la que prometió nunca regresar bajo ninguna
circunstancia y está de regreso.

Yo soy tu decepción
la única de tus dos hijas únicas que quedó viva
sin dulzura
sin piedad.
La que se aferró a una armadura de piel y vidrio donde
nada tiembla y nada es lo que es.
Vil entre todas las mujeres y vil el producto del vientre
este aire sin ojos, sin venas, sin más frente que el vacío
de las palabras juntas.

Infame como pocas y avara de luz, tu hija.
La que compró coche y casa y todos los pequeños
lujos de la responsabilidad que tú admiras
de la que tú hablas tanto ante conocidos
y desconocidos.

La otra única hija, la ungida de amor y sedienta
de amor
la que sí concibió el hijo
la que echó raíces en el valle más alto y en la ciudad
más mezquina
la de las manos perfectas para la enfermedad
y para la caricia
la que debería estar aquí
sentada a tu lado ofreciéndote el consuelo que sí sabe
entender y dar
ésa está muerta
enterrada y muerta desde hace siete años
enterrada y muerta a los pies del volcán del valle
más alto
enterrada y muerta en la ciudad más mezquina
y más fría
enterrada y muerta y vuelta huesos y vuelta polvo
y vuelta escándalo.

Yo soy la que queda
la única que te queda.
Errante entre todas las mujeres que has conocido
o conocerás
la que no oye las palabras de conmiseración ni sabe
del refugio de la paz
a la que nunca tocó la mansedumbre con sus dos alas
estáticas

la que entre tres y cinco y aún a tu lado no puede
        hablar ni pestañear ni extender los brazos
la astilla que no te dejará morir y te forzará a regresar
        una y otra vez.
La decepción más tuya y más íntima
que te mantiene en vela, que te mantiene en vida
        desgajando mandarinas.

7.
[UNA CORONA DE AIRE GRIS]

Qué viento tan lleno de ruidos.

Qué grisura de golpe sobre el ventanal de viernes
una y otra vez qué nerviosismo cargado de gérmenes
este aire que agujera la nariz y quiebra en dos
el paisaje del cerebro
éste que arrastra jacarandas olorosas a sexo entre
las plantas de los pies.

Qué mañana tan larga.
Las horas que nunca terminan saben a números bajo
la lengua.

Si pudiera sería un perro azul celeste
las líneas blancas de un bebeleche dibujadas
en el pavimento
un collar de amatistas deslizándose sobre clavículas
de mujer
las canicas redondas en el tablero de las damas chinas
un árbol de ciruelos
algo contento
algo sin la corona de todo este aire gris sobre la cabeza
que tal vez es el último quejido de dios
que tal vez no es la gracia sino la sentencia
de todo lo que se detiene sin brújula en las cartografías
de lo que está enfermo.

Pero qué viento sin nombre azota nuestros cuerpos
    de estatua
qué falta de oxígeno en esta mañana que es todas
    las mañanas de todos los viernes
cuántas hojas de periódico al ras del suelo.
Aunque quisiera no podría ser un juego de niños,
    un perro feliz.

8.
[EL HOMBRE QUE ERA EL DIABLO DEL DESEO]

El hombre que tú soñaste para mí llegó con la piel
equivocada que era roja
llegó despidiendo el aroma indistinguible del azufre
de su tierra bajo la tierra
llegó con las pezuñas de cabra y con los ojos de ciego.
El hombre que yo temí desde antes que existiera era
tu deseo
y era mi pesadilla.
Él iba a abrir mis rodillas y a sacarme del sexo el hijo
que tú querías.
Él iba a apretarme las bridas y a domarme las ansias
con la disciplina del amor
con la obediencia amarga del amor.
El hombre que tú deseabas para mí era más poderoso
que yo.

Él iba a retozar en mi lecho y a beberme la sangre
noche tras noche y durante el día.
Él iba a darme la palidez y la debilidad y la cordura
de lo que es dulce y está muerto.
Él iba a desdoblarme como un mapa y a colocar
las banderas de su conquista sobre mis senos
sobre el ombligo, dentro del sexo y en todos mis huesos.
Él iba a llevarme a su casa y a construirme un mundo
como el tuyo.
Pero el hombre que era el diablo del deseo que tú
querías para mí
aquí dentro de mi sexo

doblegándome de placer y callándome con la lengua
        húmeda de sus besos
tuvo que medir sus fuerzas con las mías.
Él tuvo que darme su sangre noche tras noche
        y durante el día.
Tuvo que sentir el mástil de mis banderas sobre sus
        ojos, sus brazos, su sexo.
Tuvo que saberse pálido y débil y cuerdo como
        lo que es amado y dulce y está muerto.

Él tuvo que vivir en la casa que yo construí.

Y justo como yo antes de que él existiera en mí
        él me temió y él me maldijo
y maldijo el amor, la disciplina feroz del amor
la injusticia y la desigualdad de todo el amor.

Entonces

sin saber
sin notarlo apenas
llegó la mujer que tú nunca soñaste para mí.

9.
[TE IMAGINO FELIZ]

Dentro de la luz amarilla del hospital que deforma
los rostros
y deja una pátina de horror sobre los cuerpos
en la cuerda floja de la vida
con los pies sobre el abismo incógnito de lo que ya no
es vida
donde la orquídea del dolor nos abraza a todos por igual
tú sigues siendo magnífica.

La enfermedad te ha regalado el frágil caer
de la llovizna.

Tienes veintiocho años otra vez y luego aún más pocos
y luego menos
todavía no has salido del vientre de la otra mujer
que llora sin llorar
porque el hijo mayor, el único varón en la larga secuela
de las mujeres de tu casa
acaba de caerse de un caballo veloz y torpe sobre
el sembradío de frijol
rompiéndose la cabeza y muriendo instantáneamente.
Deberías haber llegado después pero llegaste un quince
de octubre y de pies.
Fuiste la cuarta hija de seis. Y te pusieron Hilda
en nombre de ninguna tía ni hermana ni abuela
ni prima ni pariente alguno.

Y entonces la madre tuvo el nombre propio y creció
entre capullos de algodón y sandías remojadas
de sereno
en esa esquina del país de donde vienen
los narcotraficantes y los contrabandistas
hasta que llegó la plaga y luego el huracán y la tierra
se llenó de sorgo
y tú caminaste entre los surcos anaranjados
del atardecer que es el sorgo
como quien mancha el sol con sus pasos y es feliz.

Quiero imaginar que tu infancia fue feliz como
ninguna otra.
Que los días en que caminabas tres kilómetros
para llegar a la escuela te hicieron feliz.
Que la complicidad de mujer que fabricaste con todas
las mujeres de tu casa te hizo feliz.
Que no ir a la iglesia te hizo feliz y única
diferente a todas las otras que se arrodillaban
y pedían perdón y recibían el castigo de dios.
Que las convulsiones esporádicas de este enemigo
subterráneo y fatal en la crisálida del cerebro
no pudieron nada contra toda tu felicidad.

Conociste al hombre, al único hombre como
el que todavía deseas para mí
y te casaste sin que posesión alguna mediara en este
cuerpo de veinte años
que ahora limpio y acaricio con la esponja de agua fría
que te hace temblar sobre la cama
todavía entumecida de vida y todavía entumecida
de esperanza.
Y aquí, de entre estas dos piernas que conocieron
el placer y el único placer

salí yo como tú en octubre bajo un cielo asintomático
y simplemente otoñal.
Y me parecí al padre y no a la madre y te perdí.
Luego de estas mismas dos piernas que conocieron
el placer y el único placer
salió la otra única hija que por sobre todas las cosas
se pareció a ti y te ganó para ella.

Quiero imaginar que tu juventud fue también feliz
como ninguna.
Que las mudanzas de este a oeste y luego de norte
a sur te hicieron feliz
gitana de 28 años y cigarillo en boca y alcohol
cristalino.
Que cuando llegaste al valle más alto y a la ciudad más
mezquina fuiste feliz
observando la corona del volcán de todos nuestros
veranos de aguaceros y granizos y fríos
y todos nuestros inviernos secos y azules y también fríos.

Y pasaron los años y la madre no conoció otra cosa
más que la felicidad
hasta que llegó ese julio de hace siete años cuando dios
nos olvidó
cuando la humanidad entera nos dio la espalda
y nuestra carne conoció el dolor
tú cruzabas el mar del Norte bajo los vientos grises
de una tormenta con ruidos humanos
y tu única otra hija caía sobre su propio lecho segada
como todas las cosas
por el lugar más débil que es el cuello
que es el sexo
mujer que crece en mujer con la debilidad
y la testarudez más íntima.

Y la madre sobrevivió
tan magnífica en el dolor como lo había sido antes
    dentro de la alegría.
Y todos los que arrastraron la sombra de espuma
    dentro de tu casa sobrevivieron
y los que nos alejamos de tu casa como quien se aleja
    de una peste tuvimos que regresar
al valle más alto y a la ciudad más mezquina
    que he detestado por sobre todas las cosas
para encontrarte perdida en las palabras absurdas
    de la poesía y tus perennes veintiocho años
para asear tu cuerpo delgadísimo sobre la cama blanca
    y sin olor
y contar una a una las cicatrices que compartimos
    sobre los mismos huesos
bajo la luz amarilla del hospital que todo lo deforma
    porque todo lo descubre y todo lo agiganta.

Y la madre es la orquídea.

10.
[TESTIGO OCULAR]

Yo las vi
las manecillas persiguiéndose una a la otra
        dardos, hormigas punzando bajo las manos
una, dos, tres, cuatro, cinco, ocho vueltas
dentro de la boa circular de la mirada. El latir
        de los dientes. La eternidad.

Eran las ocho de la mañana cuando la hoja de metal
        rasgó la pantalla del cerebro
y casi las cuatro de la tarde cuando la aguja cosió
        los jirones del miedo.

Nunca habías estado tan lejos de mí.

¿Dónde estabas cuando no estabas en ningún lado?
¿Cómo es el mundo detrás del telón de los párpados
        sellados?
¿Sabía a algo la carne de la lengua?

No te vi partir. No pude. No quise.
Dijeron que yacías sobre la camilla como una hoja
        recién cortada
una soga sin nudos
la fruta madura que se desparrama sobre la selva.
Fue entonces que te convertiste en un cuerpo y nada
        más que un cuerpo:
dos brazos, dos piernas, una cabeza, venas.

De pronto ya no fuiste mi madre ni la madre de otra
hija muerta
lejana, perdida dentro de la noche de ti misma eras
el mecanismo descompuesto
el objeto quebradizo que se envuelve en lienzos
de papel de china
y se guarda en la caja de las palabras, la esquina
de la respiración.
Dijeron que ya no estabas ahí cuando
tuzaron el cabello
y colocaron las sábanas sobre el torso, las piernas,
los dedos.
Dijeron que no sentiste nada.
Que dentro de la anestesia no se siente nada.
Es como la niebla, dijeron. Una cortina.
Y yo la vi
mis ojos escudriñaron la blancura de su tela.
Dieron dos pasos adentro.
Temblaron.
Parecía de seda pero era de cal y sudor y adrenalina
una mortaja de autismo
una torre de marfil erguida dentro de las venas
el pasillo rectangular del sótano a donde no llega
el humo de la cabeza.

Pensé en una vida sin ti y mis ojos la vieron:
un mendigo en el centro de la ciudad en llamas
el paisaje inmóvil después de todas las batallas
un desierto sin voz y sin acacias.
Hilda, dije, no te vayas.
A cada minuto tu nombre dentro de mis labios
como un talismán de menta
el martillo que rebota una y otra vez sobre la superficie
de un reloj de arena.

No me dejes. No te atrevas.
Ocho horas con tu nombre a cuestas.

Hubo sangre, dijeron al final, una hemorragia.
Uno, dos, tres, cuatro, cinco litros derramados sobre
la tierra.
Después, la irrevocabilidad de los reportes en forma
de telegrama:
Estamos tratando de salvar su vida. Con el favor de dios.
Las próximas 72 horas.
Y vi las horas y tomé sus manos y me recosté
en la cuna mullida de su regazo
tan quieta como tú, tan maltratada como tú, tan llena
de moretones como tú.
Esperaba cualquier cosa con mis ojos suspendidos
sobre las manecillas del reloj.

Eran las 3:40 del tercer día cuando tus ojos se abrieron
sobre los míos.
¿Qué hora es?, preguntaste.
Es la hora de respirar, ésta.

11.
[DUDAS PRIMERAS]

Desde donde estás callada como un tronco
álaga sempiterna
dime
¿me escuchas todavía?

Hay un lugar dentro de mí donde te abres
con la simplicidad del surco.

Mi almocárabe
mi niña buena
ya estamos solas otra vez como al principio. Dentro
del grito.
Dime
¿te duelo tanto como me dueles a mí?
¿reconoces esta condena?
Por favor, contesta.

12.
[*EL AMOR ES DAR LO QUE NO TIENES A ALGUIEN QUE NO LO QUIERE.* JACQUES LACAN]

Hay historias que sólo se pueden contar cuando nadie
oye y todos callan a tu alrededor.
Estás dormida otra vez murmurando en sueños
las palabras inarticuladas de la poesía.
Dices: quimera. Dices: veintiocho años. Dices: el autobús azul.
Y entre los tubos de plástico que entran en tu cuerpo
y salen de tu cuerpo
introduzco este silencio. El más mío. El más perfecto.
El hombre amado.
Nunca te conté de sus pupilas negras y de su voz
el sonido de pájaros perdidos en el horizonte de ciertos
atardeceres grises
la espada de luz que atraviesa los cuerpos en algunos
días de invierno.

Quiero que lo veas verme dentro de este texto
de reflejos.

Estamos fuera de las palabras y justo en el límite
de todo lo que es.

Al principio, al principio de todo está su voz y antes
de los manidos gestos de su seducción de hombre
antes del tren que sale de la estación Salazar y llega
hasta Buenavista
antes de esa luz oblicua que cae sobre el volcán muerto
antes de los hoteles pobres para estudiantes o viajeros
o amantes sin dueño

antes de los atroces parques que él imaginó llenos
de crisantemos
antes del sexo apresurado y febril de dos que nunca
tienen tiempo o quieren tragarse el tiempo
está el abrazo de ese saber absoluto de las plantas
y los animales.
El abrazo de la realización.
La inmovilidad.

Fue durante los días que estuve más lejos de ti
porque el hombre amado fue el padre y la madre
y el hijo y el ancestro
el espacio súbitamente vacío y súbitamente lleno
de la respiración
y por sobre todas las cosas el lago sin orillas
del desconocimiento.
El lugar donde el cielo se abre con los agujeros
luminosos del sexo.
Fue durante los días en que su cuerpo me hizo pensar
en dios.
Escribí:
Religión, como yo la entiendo

Como tú, Santa Catalina
navego por su sangre
y cada beso me hunde en la mansedumbre
exacta
de la posesión.

Cuando lo toco, señora de Siena
como tú tiemblo
y quiebro los cristales del pensamiento.
Entonces me recuesto
junto a su costado herido

de mí
y rezo
y creo
este éxtasis de anhelo.
Esta completa revelación del deseo.
Así van apareciendo sobre mi boca
las estigmatas de su vuelo.
Tengo fe, señora
lo tengo.

Durante los primeros pocos días
        en que la premonición lo hacía dejar
recados telegráficos bajo mi puerta antes de entrar
        a la ciudad
cuando toda la ciudad se convirtió en el mapa donde
        sólo brillaba el mercurio de su semen
que era la cruz del sur y la estrella polar de todos
        los designios marinos y terrestres.

Durante los primeros pocos días en que sentir
        era sentir extrañamente.

Y antes de que llegara la realidad con su relojes
        de venas y de dientes
antes de que dejáramos de vagar por las calles
        como dos desempleados
o como los adolescentes lánguidos con toda la vida
        y toda la muerte por delante
cuando el abrazo todavía fulguraba con ese saber
        absoluto de las plantas o de los animales
yo estuve en lo correcto y lo tuve y me tuvo como
        se tiene el segundo en que todo resplandece.
El instante.

El hombre amado del que te cuento mientras tú duermes
    sobre la cama de los sedantes blancos
extraviada en el más allá de no sé qué tantos sueños
    lógicos donde él se encuentra y me ve
y yo te veo verlo mientras habla a monosílabos
    con la luz de ozono, la luz diluida de noviembre
deletreando tal vez estas palabras o unas palabras
    muy parecidas a éstas
detrás de las ventanas sucias de los muchos años
    en que el instante se convirtió en reflejo
de lo que no tiene consecuencias y se desliza abajo,
    a un lado, alrededor de todo lo que es.
El hombre de los ojos negros y la voz de ciertos
    pájaros perdidos debe permanecer allá
fuera del texto que no es para él sino para ti cuando
    no escuchas
cuando nadie oye en realidad y yo puedo por fin
    introducir este silencio enfermo
este silencio herido de muerte natural
en el lugar de tu cuerpo donde todo se vuelve
    una prosperidad de espejos.

Estamos en el momento del después que es largo.

Míralos encontrarse año tras año en el mismo lugar
    y el mismo lunes a las mismas 4:15 de la tarde.
La lluvia cae o cae la luz sobre el duro suelo
    de la ciudad por donde van sus pasos.
Óyelos intercambiar noticias vanas, reseñas del otro
    espacio.
Aquí no está pasando nada.
Siente el nerviosismo de las manos ciegas que buscan
    las orillas del instante sobre los otros huesos.

Mira cómo se les escapa porque es aire y es agua
y todo lo que está alrededor de lo que es.

Escribí, después:
Fuera del dogma del amor.

Donde entra el amor
se esparce con ternura el vicio:
esa mansedumbre falsa
la derrota supuesta del sí mismo.
Todos queriendo saber
y todos sin remedio ignorando
con el tiempo.

Cuando el amor muestra la cara
se queda con la cola entre las patas
el vicio.
También las flores son asesinas.

Durante los muchos últimos días en que la realización
lo hacía dejar
caricias como astillas en los muslos y los ojos
y los lugares más blandos del cerebro
cuando la ciudad se convirtió en el túnel a donde iban
a dar todos los muertos a destiempo
los que herían de tanto morir, de quebrarse tanto bajo
el enramaje del miedo o del deseo.

Durante los muchos últimos días en que sentir
era todavía sentir extrañamente.

Cuando dejamos de ser de pan y nos dimos a la tarea
de producir alfileres con los labios

ya sin la vida pero sí con toda la muerte por delante
cuando el abrazo se transformó en el monumento gris
    al que visitan los niños en tardes de domingo
el mejor cuadro entre muchos otros cuadros
    de la exposición de un pintor sin talento
el zoológico hermético por donde vaga con desgano
    la jirafa de todos los sueños
yo estuve en lo correcto y quisimos ser mansos
    y derrotar al sí mismo y seguimos ignorando
como ignoran las flores que se alimentan de carne
y exhalan el perfume de lo que sin remedio es
y seguirá siendo.

Estamos dentro. Ve. Es de noche.
Hay ruidos de cosas y de gente
Hay una película donde Simbad vence a todos
    sus enemigos marinos y terrestres.
El hombre amado humedece mis manos con el jugo
    agrio del limón de septiembre
y como en las novelas de Marguerite Duras él llora
    y lloro yo sin palabras
viendo algo o viendo nada a través de los ojos
sin poder decir qué es esto que se hunde bajo las uñas
esto que se enrosca alrededor del cuello
esto que rebana el abdomen y el aire y el silencio.
Esta asfixia. Estas ganas de salir corriendo.
Esta estatua punzando bajo las venas.
Este signo luminoso que inmoviliza.

Míralos.
Míralos mientras dices quimera y 28 años y autobús azul.
Míralos bien en este texto de reflejos.

El hombre amado todavía me cerca con la voz
        de mi único silencio
y sobre su cara yo reconozco por primera vez
        el semblante y el esqueleto de esta sensación
este resorte que me obliga a hablarte cuando
        tú duermes caída dentro de ti misma.
Míralos por última vez.
Es el dolor.
Ruégales que se muevan o que desaparezcan.

13.
[ALUMBRAMIENTO]

En el hospital
donde el cuerpo es una aglomeración de órganos
las sílabas imperfectas de la palabra imperfección
la ventana sin cortinas tras la cual se desnuda
el mundo
sólo débil o drogado o padeciendo una enfermedad
mortal
sólo embrutecido de sedantes o de dolor
o de cualquier manera fuera del sí mismo
sin pudor.

Déjame ser de vidrio junto a ti
déjame cortar al que se nos acerque con la maldición
de mis filos.
Déjame amputar de un tajo este edificio blanco
de nuestros ojos
para volver a descansar en el paisaje de tu verdadero
rostro.
Vamos, cuélgate de mí como la lluvia
enróscate alrededor de mis hombros y camina sobre
la maraña de mi dorso.

Que mis piernas sean tus piernas
que mis manos se conviertan ahora en tus manos
que mi corazón salte rojo y fugaz dentro del tuyo.
Respira por mis labios.
Fórmate dentro de mí.
En el hospital donde todo se quiebra
quiero darte a luz a ti.

14.
[OYENDO HABLAR DE OLGA]

En las horas que no están entre las tres y las cinco
de la tarde
cuando te vuelves nube de marzo y yo camino descalza
dentro de ti
mientras atravieso al mismo tiempo la ciudad a inicios
de primavera
vengo a esta casa sombreada de jacarandas donde vive
la mujer sola
la que conocí hace 17 años en el salón de clase
de septiembre
cuando nos volvimos amigas y enemigas y otra vez
amigas y otra vez.
En estas tardes que se suceden lentas unas a otras
mientras me siento sobre la silla de frente a la pared
que soy yo misma
me acompaña el silencio de la mesa y el saber absoluto
de la planta
que crece, se reproduce y se seca justo sobre la repisa
de las orejas.

A veces hay lluvia, ruidos de lluvia y de pasos
murmullos con olor a sal que se trasminan
por las ventanas
carcajadas de niños jugando a perder y a ganar
gritos de hombres y de mujeres presos en el circo
de sus cuatro brazos
ese gran teatro, ese repetido espectáculo
el maullido anochecido de los gatos.
A veces no hay nada. Muchas veces. Las más.

Pero cuando llega la mujer sola con la dura carga
del día sobre la espalda
surgen las vocales y se hace el hormiguero
de las palabras.

Ella habla de Olga hoy.
Olga que es mala y flaca y fatal como la diva
de los cuentos.
Olga que pide dinero y nunca paga.
Olga que con una caída de ojos puede quitarle
el pantalón al más diestro.
Olga que es la mal pensada, la lagartona, la forajida
de una costa de Colombia
la antropófaga, la dama voraz escupiendo huesos
usados por los dientes
la barbarie en persona
la mismísima hija de la chingada
la mujer esperpento de la que todas nuestras madres
y abuelas y tías nos previnieron
la que todas deseamos ser alguna vez en ciertos juegos
detrás de los espejos, a través de la neblina, dentro
del sexo.

Cuando no estoy contigo en estos días oigo hablar
de Olga como quien oye el relámpago
la línea de luz que disuelve el coágulo de tu olor
en el enramaje de mis arterias
el alfiler que me despierta la voracidad por lo ajeno
que es la felicidad y la melancolía de la felicidad
la grieta luminosa por donde a veces se asoma
el semblante del *yo deseo.*
El desparpajo de un reflejo.

Cuando no estoy contigo quiero estar siempre
    con Olga que no tiene padre ni madre ni hijo
Olga que no ha estado nunca en un hospital
Olga que camina con zapatos de cobalto detrás
    de los anuncios de la realidad
Olga que miente cuando dice la verdad
Olga a quien conocí hace muchos años dentro
    de la cueva de un espejo
    cuando la muerte y la vida estaban adelante
Olga a quién extraño tanto dentro del retablo
    de esta casa con amiga y palabras
entre el olor a sexo de las jacarandas.

15.
[LA CASA FEMENINA]

Anoche soñé la casa donde no vivo y no poseo
tenía los muros azules y una membrana de membrillo
en el lugar del techo.
Olía a hierba fresca, a pies de muchacha sumergidos
en el río.
La luz de los quinqués alumbraba el sosegado vuelo
de los insectos.
La llamé estío porque me exigió un nombre a gritos
y entré en ella como se entra a veces en el sexo:
sin dudar y sin saber y sin pensar en los orificios.

Aire lleno de aire. Adentro.

Vi a través de las trece ventanas lo que se quedaba afuera:
el mundo ensimismado en su propio espejo
la edad lógica y absoluta donde todo es velocidad
la dictadura de los significados
la perfecta pulcritud del hospital.

Me dí la vuelta y toqué el piso, la mesa, la cama.
Me acurruqué bajo la cintura de su sombra.
Entonces el placer que es la felicidad me untó
los muslos con su gasa.
Estuve frente a frente con la paz.

16.
[MEDICAMENTO]

Las ventosas de mi ojos sobre tu piel
el cataplasma de mis manos sobre tu piel
la penicilina de mi lengua sobre tu piel
el vendaje de mis palabras sobre tu piel
el ungüento de mi cuerpo que es tu propio cuerpo
    sobre tu piel.
Esta manta de piel sobre tu piel.

17.
[*PAR LA NATURE, HEUREUX COMME AVEC UNE FEMME.* ARTHUR RIMBAUD]

Tengo prisa.
Toda esta dulzura es ficticia.
He estado tan a punto de quererte estos días.
He estado a punto de decirte tómame como una plaza,
        como un continente, como un país.
Cuando me distraje sobre el ventanal y las cosas
        pequeñas se vinieron encima
estuve tan a punto de estar solamente
con los ojos abiertos del animal doméstico
        y la amargura de una licor de cassis.

Luego llegó la mansedumbre a sentarse sobre
        mis piernas
y como Rimbaud la encontré amarga y la insulté.

No puedo ser amable por tantos días.

Que te cuide alguien más, que otros se duelan por mí
que sea otra voz la que hilvane uno a uno tus huesos.
Necesito una cama, un buen baño, una bata de franela.
Necesito como nunca necesité una chimenea,
        mi silencio, mi vieja cápsula de espejos.
Hay un lugar dentro de mí a donde tú no llegas: mi médula
esta rendija en la madera
este maniquí con el ojo bizco del que se enamoran
        las tuertas.
Necesito caminar sobre mis suelas feliz como
        con mujer por la naturaleza.

Necesito bailar flamenco.
Que empiece la fiesta
que regresen los cuerpos para saciar esta imbécil sed
        por lo perfecto
que se abra una vez más el abracadabra del deseo.
Necesito tres cigarrillos, dos camellos, tu cerveza.
Que nunca más me conmueva el ancla de tu cama
        y de tu cuerpo
que tu corazón deje de latir dentro de mi sexo
que tu rostro deje de ser el revés de mi camisa
        y el envés de mi cielo.

Déjame en paz.
Tu convalecencia me pesa como un yelmo.

Necesito mis nubes blancas, mi maravilla de humo,
        mi gas.
Levántate mujer, anda conmigo por la naturaleza
        que tengo prisa
que toda esta dulzura es ficticia
que no podré engañarte por mucho tiempo más.

18.
[*QUÉ CHIQUITO ES EL MUNDO*; (PLATA SOBRE GELATINA, 1942)]

Se encontraba casi en la esquina, supongo
cuando la vio aproximarse lentamente por la izquierda
y a él rápidamente por la derecha.
Manuel Álvarez Bravo tenía 44 años y algo estaba
　　a punto de ocurrir en la ciudad.
Por fuerza.
Las nubes grises presagiaban tormenta en todo el atrás.
El fotógrafo esperó el momento y cuando estuvieron
　　el uno al lado del otro
detuvo la respiración, el deseo.
El aire de la tarde meció los pañales blancos en los tendederos
y el mundo de repente se volvió pequeño.
Tal vez él efectivamente extendió los brazos y la cobijó
　　bajo su aliento.
Tal vez ella lo tomó como algo perdido y encontrado
　　al azar con el paso del tiempo.
Tal vez él le dijo *no te esperaba* y ella le respondió
　　soy tu espejo
y ambos temblaron dentro del imán del esqueleto.
Existe la posibilidad de que los dos hayan sido mansos
　　y simples, un sol abierto
la sonrisa que se alarga con los años entre los charcos
　　del invierno.
Un par de ciervos.
Tal vez los dos recuerdan todavía el aguacero de 1942
　　que les mojó la espalda y el miedo.

No sé en realidad si la vida los unió en un abrazo
o si tal vez como él y como yo 55 años más tarde
los dos pasaron a un costado del hospital
de largo.

19.
[RAYA EN EL AGUA]

Te recuerdo con ballestas pulidas en las manos.
Vertical como la llovizna sobre la tierra. Empapada
de fuerza.
Todo pequeño a tu alrededor: el mediodía y la leve
inclinación del valle
este súbito encuentro con el manantial de la tarde.
Almoloya de Juárez.
Mira, dijiste, con los ojos sobre el agua. Hay una raya.
Soñabas con la aparición. La enunciabas.
Del otro lado del barandal las carpas se escondían
entre las algas.
En el fondo apenas trémulo tintineaban las monedas
oxidadas de viejos deseos.
Había hojas de sauce surcando el líquido sagrado
como barcas.
Puse atención. La vi. La atrapé.
Una refracción de luz.
La línea de un cabello sobre el cráneo del misterio.
El límite que divide el lado derecho del izquierdo.
Tenía once años y protegida por ti
estuve a salvo de no ser amada.

20.
[*YOU SHOULD NOT MISTREAT ME, BABY, BECAUSE I AM YOUNG AND WILD.* BOB DYLAN]

No me pidas ternura.
Amantísima, la más mía, pídeme cualquier otra cosa.
Tengo los bolsillos repletos de carreteras bífidas.
Pídeme una fractura
la soledad del muro solo bajo la sola lluvia
gotas de adrenalina. Sombras de cal.
Yo nunca le canté a la rosa.

Si tienes miedo, pídeme heroína.
Si tienes hambre, pídeme lenguaje.

No me maltrates.
Pídeme sólo aquello que tú me diste:
esta dureza que hace menguar la luz a las tres
    de la tarde cuando me pongo a llorar
    por tenerte y nunca haberte tenido, inabarcable.
Pídeme la tensión que aprieta el nudo de la noche
    cavilante.
Pídeme lecciones del arte de no estar.
Dame chance.
Sigo siendo la misma salvaja que tú creaste.

Si tienes sueño, pídeme el paisaje.
Si tienes frío, pídeme las aristas de la tarde.

Pídeme números, noticias, algo contable.
Pídeme la burla que aprendí en tu boca de piña
la escaldada lengua, la herida.

Pídeme papel de baño, un premio, anfetaminas.
Tengo los ojos llenos de terrestres maravillas.
No me maltrates.

Te regalo mis muletas
toma la luz de neón de mis esquinas
quédate con los vagabundos que me enseñaron
a magrear
quédate con este exceso áspero que nació en tu aliento
toma la calistenia inútil de mis huesos
te regalo toda junta mi frialdad.

Entre tú y yo, amantísima, la más mía, nunca hubo
ternura
nunca entre nosotras existió la rosa
el candado unívoco del tallo
el aroma
los pétalos de las palabras juntas en la corola luminosa.

Si tienes dolor, pídeme un té de jeringas.
Si tienes necesidad, pídeme las muelas del azar.

Pídeme ajenjo.
Pídeme todas las puertas que no abriste cuando llegué
a tu corazón desnuda.
Pídeme tu misma falta de piedad.

21.
[LA MÁS MÍA]

La magnífica
la llena de sol
la más fuerte
la daga en el pan
la casa
la sin zapatos sobre la arena
la red y el pez dentro de la red
la por sobre todas las cosas
la cabrona
la todas
la más que todas
la verde
la infinita
la milagrosa
la que renace
la más mía.
La madre.

22.
[PRIMERAS LETRAS]

Leíamos diccionarios en la noche él y yo.
Tocábamos sin orden el oasis de la O
y oblaba el orvallo órfico otomano
el omnívoro ombligo omicrón originario
el otoñal océano ofensivo, olvidado.
El oleandro.
El era el ojal onírico de la oración.

En la levadura de la L longitudinal
latíamos con la lasciva ligereza del láudano
y el loco libamen de los lémures.
Levitaba luego la leche lakista en el litoral del logos
y liaba el laúd el libidinal limen del lenguaje.
Él era el lecho lila de la letra.

En la ganzúa ganglionar de la G y su galimatías
giraba geórgico el glorioso garbanzal geodésico
y gemía el giorno de las garbosas gramíneas.
La girándula. La ginebra.
En la glicerina del gerundio genitivo galopaban
        las garzas
y el garambullo geminado en gárgolas de gasa.
Él era el garabato de mi genealogía.

Y en el ñisco ñorbo de la Ñ
tan ñufla, tan ñuridita, tan ñuta
se ñangaban el ñame, el ñu y el ñiquiñaque
en el ñanduti del ñaure.
Él era un ñandú.

Una pátina de P para mi padre
el perturbado palimpsesto de pan y piedra
el pesar patológico de los penumbrosos piélagos.
El pecio que paladeaba el panal de las palabras y sus péndulos
pedagógicamente prodigando las póstulas
        de la pandemia:
la puntual parálisis de la primogénita.
El padecer purpurino de la psicastenia.

Por los páramos del papel la pesadumbre preña
el principio y el presagio
el peligro de perderte permanentemente parco
en la prístina púa de la primavera.
Pausa pido y serpentea sonora la savia de la S
su sístole:
sólo los solos saben saborear la sal soluble
de los solitarios.
Sosegadamente.

23.
[LA HOJA]

Quiero dejar de temblar.
Cuando escucho tu voz quiero ser tallo
y no hoja sacudida
y no este espasmo que me quiebra.
Nunca más esta vergüenza.
Pero escucho tu voz y sigo siendo
la palabra arena cayéndose de seca.
El ángulo por donde se rompe en pedazos la certeza.

Afuera llueve y adentro
amanece un perro muerto en mis esquinas.
¿Es esto la ciudad?
Un loco balbucea con su vestido de piel: saliva.
Los niños juegan a morir en paz.

He dicho que quiero dejar de temblar pero tu voz
        son demasiadas voces
y el alrededor se me estrecha sobre el cuerpo
        en espiral.

¿Qué se hace cuando no se puede respirar?

Me da pena caer como caen a veces las cosas
        de rodillas.
Cuando la debilidad me envuelve con su hálito
        de espinas
los objetos son de helio y huyen despavoridos a otro
        lugar.

Y el temblor no cesa
y soy hoja que cruje y nunca tallo
espasmo, síncope de luz, quebranto.
Un navío transparente sobre aguas de cristal.
¿Qué se hace cuando el suelo empieza a girar?
Me da pena arrastrarme entre las patas de las sillas
y ser la mosca que da vueltas en el frasco del espanto.

Afuera sigue lloviendo y adentro
me avergüenza este cuerpo desollado
estos ojos al revés
esta colección de insectos incrustados en la tapa
de la lengua.
Me da pena que me preguntes qué pasa
y tartamudear con la cara sobre el ventanal: *nada*
es sólo la lluvia y la hoja
que caen.

24.
[EGRESO]

El médico dijo:

Se trata de Hilda Garza Bermea, paciente femenino de 53 años la cual tiene un Dx de un aneurisma de la Arteria Carótida Interna en la región supraclinoidea. Se le colocó una pinza de Salibí para lograr obstruir el flujo y aislar la lesión. Se realizó cirugía el día 17 de abril de 1997 por tercera ocasión en donde se tuvo éxito en el aislamiento y el clipaje del aneurisma a base de colocación de un clip tipo Yasargil, recto de 9 milímetros y de titanio. En su quinto día post-quirúrgico y habiendo valorado su hemodinamia, función mental, motora, sensitiva y afectiva se da de alta sin que se encuentren datos de algún déficit posterior a la cirugía. Hilda se encuentra en condiciones de egresarse teniendo cuidados de reposo relativo sin hacer esfuerzos grandes. Su alimentación será a base de verduras sin grasas, frutas y poco contenido de carbohidratos.

Dx de ingreso: Aneurisma gigante de ACII.

Dx de egreso: Aislamiento de Aneurisma con clipaje a base de clip Yasagil de 9 milímteros recto.

Se da cita con el Dr. Revuelta.

Mi madre dijo: El aire no había estado nunca tan azul.

25.
[QUERENCIA]

Vamos montaña arriba, nubes arriba, arriba del aire
como hace veinte años
el valle abre la boca y ascendemos por la esmeralda
pastosa de su lengua.
Un leve olor a eucalipto se remonta.
La luz de las tierras altas ilumina la cicatriz
en la cabeza
y el esplendor intacto del ave que respira bajo
las venas:
los sentimientos simples de la hierba.

Dices: cuánto verde
y se yerguen los oyameles sobre la tierra.
Dices: cuántas perlas
y el granizo rebota nacarado sobre el ángulo
de las piedras.
Y se hace el frío que es un cardal de amplios pétalos
estriados
por donde camina la niña que no soy y no eres
con su tenue delantal de niebla.

El tañido melancólico del color gris despeñadero arriba
y despeñadero abajo
en el declive desolado se hace el resplandor húmedo
de un rayo
y se hacen los diurnos nombres que degustamos entre
los labios:
Huixquilucan, Jajalpa, Almoloyita, Santa Ana.

Dices: cuánta agua
y el diluvio trae centellas que alumbran la comisura
        sacra de los sauces
su vaivén de lágrimas alrededor de la juntura
        iluminada del valle:
el más descarnado plexo de retama
el de horizonte con ojos de ala y la osamenta pluvial.
Toluca está a dos mil cuatrocientos cincuenta y cuatro
        metros sobre el nivel del mar
pero líquida y triste como mujer que se masturba
        a solas sobre un lecho vegetal
la más alta y más sola ofrece el sari púrpura
        de su crepúsculo de algas.

Dices: cuánto tiempo
y la eternidad con vestidura de relámpago te habla
        con sus tersas córneas doradas.
Ésta es tu querencia.
Éste es tu metal.
Cuando te pregunten de dónde eres volverás los ojos
        montaña arriba, nubes arriba, arriba del aire
hacia el aparecimiento imperturbable del volcán.
Ésta es tu casa de agua.
Éste es el lugar donde reverdecerás.

Dices: cuánta paz
y yo te miro como a los ídolos sobre las escalinatas
        de copal.

26.
[LOS BÁRBAROS SE QUEDAN A CENAR]

Veníamos subiendo la ladera del valle, decía, fuera de la
glándula gris del hospital, fuera del asilo donde
reptan en círculos concéntricos veinte millones de
arcángeles sexuados, cancerosos, heridos, locos,
perfectamente asesinados; fuera de los zapatos
negros de la señora de los huesos, la señora que
llora y grita en el manicomio de la realidad donde
viven todos sus hijos muertos; fuera de la rabia;
fuera de la blasfemia pronunciada a solas sobre la
grupa del animal que caga las substancias artifi-
ciales de la eternidad; fuera del zumbido demencial
de la esperanza que provoca náuseas, vómitos
de focos amarillos envueltos en papel celofán;
fuera del cansancio, fuera de la paz;

veníamos hablando con sigilo, decía, palpando apenas
el lenguaje con los sucios dedos de la tarde mien-
tras la muerte encontraba su sitio en el verde
natural y nos miraba con sus largos ojos atónitos,
sus ojos de sándalo, sus ojos ahistóricos;

veníamos de lejos, decía, como a través de veinte años,
más años quizá; como a través del embudo seco
de las melgas cuarteadas de otra página, "no hay
tal lugar"; mínimos personajes del destierro con
apariencia de soga, llanura, nimiedad; y llegamos
bajo el aguacero vespertino, también decía, a este
lugar: *la osamenta pluvial*, el vocabulario de aves

tristísimas y delgados húmeros y varas partidas a la mitad; la máquina crepuscular; el valle donde la sirena de tule somete a los hombres con su inasible vulva de escamas; el saucedal umbrío de las sílabas entrecortadas; el derramamiento de tacuil y de alfalfa y de papa; el tálamo donde dormitan los callados nombres del granizo bajo los relámpagos del alba; el descarnado acoso del agua que es el origen, que es el inicio;

llegamos, no lo he dicho, en los ángulos irremediables de la perfecta figura celestial: ojo de un dios deforme que observa desde afuera el trémulo espesor de los objetos, la saturación geométrica de la materia ennegrecida, el desciframiento de las horas y los días, las orillas;

(llegamos como el triángulo, quiero decir, como el tajamar de la proa que reparte la líquida existencia hacia la izquierda y hacia la derecha, en busca del inaugural paréntesis, el sexo);

llegamos con la parca brusquedad del infinitivo, diré ahora, con la estaca de los hechos entre la carne de la lengua; solos como los individuos; solos como una blanca, untosa, lenta manera de derramarse sobre las ráfagas del paisaje; solos como cosa irregular —piedra, horda, voluntad—;

llegamos con él, conmigo, con nosotros, con ellos, también lo diré, con ese insólito fulgor de los enfermos, los locos, los tullidos, los vehementes moribundos, los nerviosos, los que huyen del sismo, los adictos, los rotos a la mitad, los des-

ahuciados, los pocos, los que tocan a la puerta del
abismo para echarse a maldecir y a llorar;

llegamos contigo que nos ves caer, lo digo, pero no a tu
lado sino dentro de ti como la savia, dentro de
ti como la amiba que vive en el paladar; dentro
del arca torácica de la narración bíblica que flota
sobre la abrupta disgregación estival; dentro de
tu nombre, Toluca, que significa lluvia gris, que
significa aves tristísimas, que significa *desgracia-
damente*, que significa lo que significa el húmedo
verbo estar;

llegamos como la escritura que mancha el cuaderno y lo
funda, lo diré siempre, con la tinta china de los
innobles miembros, los torpes miembros sonám-
bulos que tropiezan, se avergüenzan y caen como
la fruta gravitacional;

llegamos con la premonición de las bestias, lo digo una
vez más, y nos sentamos sin invitación a tu mesa
donde bebimos, desmenuzamos tus muslos y
pronunciamos la palabra fatalidad;

y llegamos una vez más al hospital;

27.
[VESPERTINO]

Sacó un pez del estanque
y dijo que había atrapado el sol.
El sol contorsionó su cuerpo
y saltó amarillo desde sus manos.
Una moneda ahogada iluminó su sonrisa.
Dijo que era como nosotros:
siempre a punto de sucumbir y siempre sobreviviendo
para nada.

Estaba atardeciendo
y el sol se ocultó entre las algas.

LIBRO II:
YO YA NO VIVO AQUÍ

A lrg

para *ellos*
(que sólo es otra manera de decir nosotros)

Now, let me tell you something, Diomides. I think it's crazy for us to fire everything we leave behind; after all, the enemy won't be able to destroy and burn everything. It's not as though he can dry out the earth the way the frost dries out fish. On the contrary, the more we leave behind and the longer it takes for the enemy to destroy, the more hope we have that at least something of us will remain after we're gone. That's why we should not burn and destroy. We should build, even now. Indeed, we are builders. We have been given unusual marble to build with: hours, days, and years, with sleep and wine as the mortar. Woe unto him whose copper devours the gold in his pouch, or whose nights swallow up the days...

MILORAD PAVIĆ,
The Inner Side of the Wind, Leander

La pasión y sus vicios:
Todo se vueve una costumbre bárbara.
Todo ha de caer.
Todo,
hasta la juventud bestial,
se rinde.

JUAN CARLOS BAUTISTA,
Cantar del Marrakech

EXHORTACIÓN PRIMERA: ¿QUIERES SABER LO QUE SE SIENTE?

Ávido lector: no se siente nada.

La mujer se arranca los aretes y se sumerge en el Ganges
de su boca sin sentir nada.
El hombre que le dice sí a las drogas no siente nada.
El asesino aprieta más y luego un poco más sin sentir nada.
Los que colocan las bombas en los conventos no sienten nada.
La niña observa las hilerillas oscuras del menstruo entre
los muslos sin sentir nada.
Los que abren por primera vez una cuenta en el banco
no sienten nada.
La muchacha que sale de su país en un Aeroméxico
matutino no siente nada.

La pasión y el crimen siempre suceden después.
El azoro y el vicio ocurren un instante después, una era
después.

Ávido lector: sólo en la memoria (que es puro lenguaje)
sentimos.

I. EL LUGAR

qué bueno que no están

Aquí cabría la mujer de mi amigo, que alguna vez fue
también mi mujer en todos los sentidos metafísicos.

Aquí cabría aquel árbol de duraznos, el que estaba
en la esquina derecha de mi celda, cuyos brotes sin
color me anunciaban el advenimiento de marzo;

aquí cabrían las orgías torvas, lánguidas noches sin
calor alumbradas por las luces ambarinas y el licor
robado.

Aquí cabrían todos los años de los años 80s.

Aquí cabrían los humanos restos, los difuntos fieles,
los cinco muchachos que cargaban llaveros de muchos
llaveros en sus bolsillos agujerados; los que colocaban
la lanza del sonido en el costado más suave de dios;
los enamorados de sí mismos; los;

aquí cabrían todas las palabras que no escribí en siete
años; las palabras que se fueron de la mano de la niña
muerta a fundar un imperio inmóvil adentro y abajo.

Aquí cabría una luz que no he vuelto a ver y no puedo
describir y por eso recuerdo.

Aquí cabría también el muchacho que arrullaba
marihuana en papeletas de arroz mientras averiguaba
los sentidos posibles y los sentidos imposibles
de la palabra *vaho*;

y cabrían los días de correr rápido hacia ningún lado
perseguidos únicamente por los ojos oscuros
de los policías y sus falos;

y cabrían los furibundos que exigían lo imposible
y robaban carteras y querían vivir bajo la rosa abierta
de la revolución que sólo nos miró de lado;

aquí cabrían las feministas que se colocaban espejos bajo
el sexo para espiar la lívida lenta untosa caída
del menstruo;

y cabrían los pirados, los que se quedaron en un viaje
de hongos entre tréboles de colores diciendo
que estaban *encantados*;

y cabrían las putas que nos hacían el favor sobre la
hierba a cambio del resplandor de algunas palabras
que tintineaban como monedas.

Aquí cabría la neta y la verdad a medias y la engañifa
y la mentira completa.

Aquí cabría la adorable flaca muchacha de ojos
atrozmente negros que hizo dos aspas de sus piernas
y trituró los sexos;

y aquel muchacho que me ofreció café y yo entendí
café pero él quería decir *café*;

y el cantor que nació en Tampico y tuvo la suerte
de encontrar a la muerte el 19 de septiembre de 1985
todavía con su vaso henchido, su *distante instante,*
su instante de olvido;

aquí cabría el bufón de todos, el ladrón que repetía
la alteración está alterada y decía que no era gay sino
puto;

y cabrían también todos los putos, las locas loquísimas
vestidas de saliva y lentejuela que coleccionaban
abandonos bajo las frondas desiguales de sus ojos
chorreados de rimel y de risa;

y aquel leninista de ojos verdes que se rodeó de una
selva olorosa a adolescente deseosos viriles tontos
como enredaderas;

aquí cabría la fichita que fui, mi locura de atar
y desatar que se asomaba en las venas matutinas
pidiendo muerte, sangre, algo total.

Aquí, en este cuarto de perfectos muros blancos
cabrían todas sus sombras, sus alientos, sus maneras
de herir y de caer y de volver a caer de bruces
y de golpe como a veces el recuerdo y la velocidad.

Aquí cabrían, es cierto, pero qué bueno que no están.

tercer mundo

I.

Estaba en una orilla de la orilla
a punto de existir y a punto de no existir
como la fe
un tendajo rodeado de isletas miserables de maíz
y guajolotes hambrientos.
El Tercer Mundo era una casa sin techos.

El *Terzo*.

Ahí llevaban los orates sus ojos necesitados de noria
y el escueto dedo índice que dibujaba un
semblante en el lado izquierdo del caos.

Ahí las niñas ensayaban esa proclividad
por la proclividad
y los hombres alababan el graznido de pájaros
imaginarios.

De arriba caía un cielo de ozono y el olor a ciudad
usada se colaba por las rendijas.

Los lisiados de preguerra llegaban al Terzo postrados
y sedientos
avorazados heraldos negros con voz
de pandemia y manos de matar.

Ahí los locos de remate descomponían el mecanismo
del lenguaje entre el vaho meditabundo
del alcohol y los cerillos

las vocales eran globos de helio rellenos
de luciérnagas
las oraciones se arrastraban sinuosas con su larga
cola de reptil.

Los pirados y los drogos y los mudos para siempre
hablaban con el fervor de los conversos.

Ahí los pránganas eran seres utilísimos.

Los muertos reptaban en el Terzo con los ojillos
somnolientos del resucitado y vivían y se
atragantaban de humo y morían otra vez dentro
de la caja de sus cuerpos.

Ahí los parias levitaban con adustos rostros de santo
y manos indiferentes.

Ahí los suicidas se acomodaban en ángulos
impredecibles sobre los asientos.
Los subterráneos salían de sus agujeros
y desparramaban sobre los regazos su botín de
relojes de bolsillo, partes de auto y flores
desmayadas.

Y la madrugada híbrida avanzaba con el torpe caminar
de ciertas aves negras
picoteaba los sexos con mansedumbre de metal
enseñaba sus dientes doloridos, sus trofeos
baratos, sus victorias kármicas.

Bajo la cruel monotonía del diluvio estival todos hablaban
escupían palabras y mapas y profecías y rezos.

Vamos al Terzo, murmuraban, con la determinación
de los que colocan bombas o van abajo hacia el
eterno *hacia* primigenio
sin llegar.

Ahí los zapatos se hundían en el lodo y enterrarse
era ser árbol y fruto de árbol
carne inmaculada boca con filos.

Afuera, del otro lado de la orilla, la Ciudad Más Grande
del Mundo mentía.

II.

Un mundo que todavía no era de hombres o de mujeres
lamía los mocasines con sus lengüetas de yodo
y las criaturas de azules rostros avanzaban sobre
la tarde sin conocer la necesidad.

Las de sexo alado se cortaban los cabellos militarmente
y olvidaban su casa.
Los adiestrados en el dominio se hundían por primera
vez en una fugaz debilidad.
estridentes pócimas nutrían sus lentas comisuras
informes
sus comisuras desdobladas al caer en siete
aspavientos desmedidos
aspas de luz helicoptérica
tajada de noche y tajada de mendrugo solar.

De camino al Terzo se arrancaban las camisas de fuerza
de los nombres viejos y emergían de sus pasados
en cueros finísimos y huesos sin historia.

Eran La Diabla, el Perrote, la Rana, la Pequeña Lulú,
el Lalo Gallo, la Bestia.

Los destinados a ser hombres albergaban a ratos
el chillar absurdo de las mujeres solas en los
dientes.

Las destinadas a dar a luz se escondían bajo
la oscuridad viril de los enhiestos.

Todos cambiaban de lugar en los días bíblicos
del Terzo:
los últimos eran siempre los primeros
y los que reían al final siempre reían mejor.
Bífidos en el sexo e irresueltos en todo lo demás
fumaban cigarrillos categóricamente.
Las hebras de sus cuerpos se deslizaban sin dificultad
por el pequeñísimo ojo de la aguja que era
la puerta de la eternidad.

Era el lado izquierdo del cielo donde todo juego
es un juego de azar.
Era un charco de orines.
Era un prehistórico lodazal.

Y cuando partían mareados hacia La Ciudad,
se llevaban al Terzo colgando de los hombros
orgullosos de su informidad.

III.

En las calles de la Ciudad Más Grande del Mundo
se les reconocía por la desmesura de los ojos
por la manera en que levitaban trémulos sobre
imposibles cardales amarillos.

La ciudad también era su casa
tenían una sala de edificios salobres en el centro
una recámara oscura en Tlanesburgo
un mirador de envidia en Belvedere
y pasillos subterráneos que todos denominaban
el Metro.

En la cocina que estaba en todos lados los hombres
se adiestraban en el picor del ajo y las que iban
a ser mujeres usaban armaduras de cristal en vez
de delantales floreados.

Se les reconocía por la agilidad de los muslos
y la pericia de las manos al arrebatar.

Ellos eran los animales diurnos que tomaban
a los parques por asalto
sólidos como un asta ceñida de luz
con la extensión apaciguada de anchas
banderas rojinegras.

Ellos, los de sobacos tristes y bocas reventadas por el gran hambre
se abalanzaban sobre la redondez del mundo con brazos y
piernas de red.

Se les reconocía porque era difícil saber si iban apenas
o si ya regresaban despavoridos.

Ellos eran los que desentonaban himnos y caminaban
a contracorriente en los desfiles
el contingente de los oscuros individuos.

Se les reconocía por esa manera de equivocarse
absoluta, redonda, cinéfila.

Pero sobre todo se les reconocía por la desmesura
de los ojos
piedras de obsidiana incrustadas en firmes
cráneos desnutridos
gotas tremendamente alucinadas
papalotes volando en espiral.

Bajo su luz, el mundo era por fin pequeño
un juguete descompuesto que ya no provocaba
miedo.

IV.

El Tercer Mundo era un hospital, una fiesta,
un orfanatorio, una villa de reposo secuestrada
de la realidad.

El Territorio Libre de América.

Interminable como la miseria el Terzo.
Impregnado de orines y de vómito como todo el país.

Madre Patria de los desquiciados, de los heridos
por el deseo, de los muertos de tanto morir,
de los tantas veces devaluados, de los solos tan
cómodamente incómodos dentro de su soledad,

de los hartos, de los llenos de mierda,
de los derrotados de antemano, de los heraldos
de la Neta, de los sin sexo o con todos los sexos,
de los exiliados de la ciudad, de los a fuerza
sin esperanza, de los con esperanzas pavorosas,
de los que después se hicieron guerrilleros o profesores
o murieron de hambre, de los todos.

Casa cruel.
Casa con techos de nube.
Casa donde arrastrase era caminar.
Casa sin entrada y sin salida.

Todos decían *vamos al Terzo* como quien va hacia
        dentro de una semilla.

Casa artificial.
Casa sin aurora y sin tregua.
Casa demoledora.
Todos decían *vamos al Terzo* como quien va más allá.

Se les reconocía por los pasos que se clavaban
        en la tierra con la compasión de un clavo.

Se les reconocía por el dolor ardiente de los huesos.

Casa de los desalmados agarrados al alma como
    a un ancla o a una última oportunidad.

V.

Y fui el hombre y fui la mujer
mi concavidad fue el estado de sitio de las
metamorfosis.

Cómo levantaba ámpulas en los labios el terror
infeccioso de la felicidad.

Desmenuzaba el antes bajo microscopios circulares
abría la caja de los silbidos en madrugadas pélvicas:
amaneceres bordeados de pálidos linderos
y desemejanzas frutales.

Yo eras otro, Rimbaud *dixit*
pero era más.

¿Cómo cantar esta agujerada sentimentalidad
de baratija
este borde diamantinamente geológico
sobre la piel
la ceguera de la oración y la magnanimidad
de la dádiva?

Yo era *tú* desmesurado perro de ojos amarillos
tú muchacha proclive
tú pedacería de resolanas y recodo verde de ciudad.

¿Cómo decir *Tercer Mundo* sin quemarme la boca
con minucias doradas?

Yo era un barrio acumulado en las afueras de la forma
a punto de existir y a punto de no existir como la fe
estupefaciente en la elipsis de una boca monumental.

Reíamos como descascarando nueces
        como partiendo plaza entre el ruiderío
                de la vasta Alejandría
Sordos de sal. En ese lugar geodésico
        donde creció el infinitesimal tallo de la planta
                carnívora

        la que llamábamos placer cuando queríamos
                decir sol de junio.

¿Cómo decir *Vamos al Terzo* sin caer de bruces
        entre objetos?

Éramos trapos mitológicos
        lujurias de anónimos cascabeles desbaratados.
Lo peor de lo peor
        lo que queda después de la consumación básica
        el fibroma longitudinal de las cañas
        la pulpa iridiscente.

¿Cómo volver a decir *el Terzo* sin apagar este cerillo
        de palabras
                esta inaugural iluminación que desvela
                        al dactilar verídicamente?

Éramos un asomamiento vertiginoso tras las venas
una laboriosidad aérea de piernas y uñas y cartílagos.

Éramos saliva.

II. MANERAS DE ENTENDER EL LUGAR

la gramática del lugar

Aquí, decía
        buscando palabras diminutas en diccionarios
                con dientes y con ramas
                        adverbio de lugar
definición paradigmática
aquí, subjuntivo deseo de lo que *hubiera* sido

(me señalo el ojo izquierdo y surge, de pronto, la nube
de Magritte sobre una llanura escarlata);

aquí, conjugación de cielos sucios bajo los párpados
        del verano

(veo el dedo anular y la radiografía de lo que no está
        revela la falange multitudinaria)

en el lado izquierdo de la memoria, aquí
repetía, cercada de duros árboles nominativos
bajo la ceniza maloliente de los verbos sincopados,
        tensos, rotos como lianas.
Aquí, arsénicamente, en la coyuntura adverbial
        de los venenos nimios
pronunciaba la palabra utopía
        no hay tal lugar
y el animal deseoso y cavilante hurgaba la iluminada orilla
        de lo real.

Aquí, en el lenguaje, el único lugar.

Decía: dame un sustantivo y crearé un alrededor
plurinominal
la ciudad que no existe y donde vivo
sombra como remolino
magnífica ansiedad.

Decía: dame un cuerpo e inventaré la vértebra
gramatical
una genética de tiempo vuelto gota y calle
y esquina enigmática.

Aquí, repetía, testaruda, obvia, enteramente
determinada
invocando el momento de la flama
y el momento de la calcinación
aquí que era litoral de Golfo bordeado de frágiles
palmeras
aquí que era huerta de manzanas
aquí volcán de apariciones infinitas en las tierras más altas
aquí Ciudad Más Grande del Mundo
aquí fractura de tierra.

Y seguía implorando sin tregua dentro
del candado de un vocabulario perpetuo.

Aquí, decía, una y otra vez con vocación de torva
campana
y mi desvarío palpaba a ciegas las rodillas húmedas
de las palabras

utópicamente

con ese cansino quehacer de las cabelleras incendiadas
con la resignación apabullante de ciertas madrugadas
    kármicas

no hay tal lugar

decía en la salobre alcoba del lenguaje, aquí,
    el único lugar.

la geología del lugar

Antes de la destrucción y del púrpura polvo mortecino

antes de que empezara esa lenta recolección de
    cascajos heridos

antes de que los edificios de San Antonio Abad
    se convirtieran en pasteles de lejanos designios
    rococó

antes de que nos diéramos cuenta de que en algún
    lugar de la Roma yacía el trovador de Tampico

sólo hubo ruido.

Ese ruido.

Un hosco tremor
una tubércula queja que venía de lejos y de dentro

el estertor de un bostezo largo y hundido
        machete terso
        voz sin voz

el sonido persiguiéndose dentro de la garganta
        de sí mismo.

Entonces nació el antes y nació el después.

Desgracia inaugural con sortija de muerto en anular.

Y entonces nacieron los quebrados.
Y nacieron las hormigas que se llevaron los restos poco
        a poco.
Y volvieron a nacer las iridiscentes cucarachas volando
        de esquina en esquina.
Nacieron las esquinas.
Ángulos de luz donde la luz se hacía torva.
Rincones chorreados de semen y de ozono.

Ése era el contexto.
Ahí nacimos todos
                cayendo.
Virutas de helio.

Rodeada de soldados
        gris como ninguna
la ciudad fue una cuerpo *hecha bolita* sobre el amplio
        lecho de su valle
                toda junta de dolor
                estrecha de milagro
como mujer que sangra de abajo.

arriba y abajo del lugar

Y por sobre todas las cosas del mundo, las nubes
    únicas y tiránicas como mujer que olvida.

Las nubes que Françoise Sagan denominaba
    maravillosas cuando quería decir tristes.

Las ur-nubes colgando del aire finísimo de las tierras
    altas:

la primigenia nube original sobre la cual están basadas
    todas las demás nubes de todos los universos
    habidos y por haber.

La nube como modelo ideal.
    Gris-azul.
    Azul-humo-nata.
    Violeta-rojo-morado-moretón.
    Negras como la gran señora de la guadaña.

Y por debajo de todas las cosas del mundo
    los subterráneos trenes anaranjados
        los pasillos de raído mármol acosado de
            zapatos.

el Metro

    un campo de concentración en perpetuo
        movimiento
    racimos de brazos y sudor y ojos enjambrados.

Un *viaje* de a peso, o menos.
Naranja-chíngame-la-retina.
Reflejo.
Y al final del túnel nunca la luz

sino más negro.

la sintomatología del lugar

Algunos lloran, algunos corren, otros olvidan
sus nombres o usan nuevos nombres,
algunos adelgazan tanto como el aire.

Algunos se vuelven religiosos, otros rechazan
categóricamente la existencia de dios; algunos rezan
y algunos más hasta se hincan; algunos maldicen
aunque parece que están rezando; algunos viven
dentro de la pecera de una muda.

Algunos persiguen las palabras *no hay tal lugar* si son
azules; algunos cavilan, preguntándose.

Puede pasar en todos lados: en el cine cuando la luz
es irreal; frente a una cajera cuando devuelve
el cambio; bajo los cielos más largos; entre cuerpos
deliciosamente desnudos en alguna playa
del mediterráneo; en una cita de amor, ya sea
enamorado o sin amor; al planear el asesinato
propio o el ajeno; al ir a trabajar o al regresar de trabajar;
al orinar ruidosamente dentro de baños con mosaicos
color rosa alineados en perfecta simetría.

Puede pasar a cualquier hora, todas las horas son
propicias: a veces en la mañana bajo la luz anémica
que se cuela por las persianas decembrinas; o con toda
seguridad en la tarde cuando la realidad se vuelve
espejismo, cosa-en-sí-misma, inclinación no deseada;
pero siempre en la noche ya sea en el sueño
o en la falta de sueño cuando el lenguaje se expande
y los relojes detienen el tiempo.

Algunos beben té de menta o té de naranja o té
de jazmín en el regazo de octubre; algunos se mueren
por papas fritas; algunos coleccionan alas de libélulas
bajo inmóviles colchones estrechísimos; algunos
prefieren ginebra y no cerveza; a algunos les gusta
el café de Java antes del amanecer; otros fuman algo
de marihuana o dos cajas de Marlboro lights: hebras
grises de humo sagrado alrededor; algunos más
se deciden por pastillas de colores desidiosos o valium
o trescientas aspirinas.

Provoca amnesia, insomnio, afasia, bulimia, anorexia,
ataques de nervios, risa inmotivada, comezón
en lugares muy peculiares, tremores mentales dentro
de las manos, pestañas púrpuras, ojeras, muslos
y senos flácidos, fealdad en los formatos más variados,
caras con piel de cebolla tan transparentes y tensas
y lisas que inducen miedo o piedad o muy distintas
formas de asombro humano.

A algunos se les encuentra en las esquinas,
mordiéndose las uñas con los ojos fijos en otro lado;
algunos cuentan dedos y olvidan números; otros sudan
y se acarician las muñecas con navajas oxidadas,
oh tan suavemente; algunos se vuelven guerrilleros,

marxistas ávidos, anarquistas, artistas; algunos
de hecho disfrazan el dolor y hablan de orquídeas
exóticas en paisajes lejanos; algunos hasta pasan
por ser hombres normales y mujeres normales; algunos
son amables.

Algunos todavía buscan esas esquinas.
Algunos hasta corren dos o tres kilómetros al día
persiguiendo esas esquinas.

Siempre preguntan por la puerta más próxima,
la salida de emergencia, la manera más fácil o la más
difícil de irse hacia ese lugar, el siguiente, el más-
verde-que, el verdadero.

Algunos invitan a los vagabundos en la noche como
si cortejaran anomalías y cicatrices; algunos congregan
a su alrededor adolescentes drogadictos o viejos
amantes o mujeres que tienen miedo a los clósets
vacíos; algunos atraen a muchachos de brazos
tan largos que acaban por abrazar a la nada.

Algunos hablan incesantemente.
Algunos callan incesantemente.

Algunos sufren de dolores de estómago, falta de aire,
demasiados lenguajes, migrañas, ataques violentos
de timidez, discriminación, asma, palpitaciones,
estereotipos, demasiados lenguajes, mal aliento, huesos
fracturados, nostalgia, acné, mala memoria,
demasiados lenguajes.

Sufren incesantemente.
Se hieren a sí mismos incesantemente.

Ellos les hablan a los árboles en el lenguaje
de los árboles y a la hierba en el lenguaje de la hierba,
a las mujeres en la ola femenina de las palabras
y a los hombres en la ganzúa viril de las letras.

Ellos viven en Babilonia y Alejandría y Nueva York
y Tijuana.
Viven en dos países a la vez.

Oscilan, rebotan, saltan, vuelan y se regresan.
Están aquí y no están aquí; ellos están allá y no aquí
y tampoco allá.
Hablan de sí mismos en la tercera persona, el plural
como metáfora.
Bailan en la cabeza de un alfiler.

Ellos conocen la gravedad de las cosas.

la anatomía del lugar

Bajo la uña

(con la escueta determinación del alfiler)

el lugar se hace pequeño y atraviesa
la tentativa hipótesis de lo real.

En la canícula del esófago

(Comala cercada por gástricas teas)

el lugar se imagina a sí mismo y estalla
luces asimétricas.

En la comisura abrupta de la risa
en el silencio que se agarra al cuello cuando el frío
en la manía de la ceja
el lugar trae su aguja y pincha y cose
la tapicería de los miembros.

Hincado en la fractura de las rodillas

(ángulo roto, añico de tiempo)

el lugar reza por la ausencia propia y la ajena:
altares como invocaciones
animación eterna.

Dentro de la célula rectilínea

(la blasfemia, el perro con rabia, la llanura
 de en medio)

en el ácido ribonucleico de los días
el lugar graba el alfabeto de las cosas invisibles

(ganzúa en mano, pala y pico en dientes)

libros con aspiración de monasterios.

En el tendón que es campana
en el cartílago que iba a ser hueso
en la vertebral columna del adentro
el lugar se existe sin ser

la carne como verbo.

las muchas mentiras del lugar

Me gustaba decir que era hermoso

(y lo hacía como si describiera a un hombre que
describe a una mujer)

bajo el crepúsculo de los adjetivos, mirando hacia todo
lo demás
el lugar era plácido, activo, veloz, sublime, amarillo,
sonoro…

En tabernas de ciudades disímbolas el lugar era
alegoría, metáfora, ardiente comparación:
sustantivo entre sustantivos, cosa alcohólica y cierta.
Cosa rodeada de humo.

Dentro de cuartos perfectamente blancos, en letras
silenciosas y desparpajadas esquinas, el lugar se
tornaba argumento, hipótesis, inmoral objeto de
estudio.

En noches sin dueño el lugar se volvía cuerpo bajo
la llovizna, visión adolescente, masturbatoria
manía.

Había calles en que, sólo a ciertas horas y únicamente
en las tierras altas, el lugar llegaba como paréntesis,
lapsus linguae, posdata entrometida.

En los pocos entrañables libros había párrafos
que lo traían como enigma, vocación, estilo.

Lo veía en todos lados; lo creaba en todos lados.

Pero sobre todo me gustaba decir que era hermoso

(y lo hacía como una mujer vuelta hombre enamorado
de una mujer)

con los ojos abiertos como plazas y los huesos vacíos
de gente.

Sin esperanza
dentro de la mansedumbre de una cierta católica
fatalidad cruzada de zancudos

el lugar *era* hermoso

(o mejor dicho: el lugar era la indagación donde
la palabra *hermoso* se arrastraba con sus
diecinueve patas celestes)

entonces el ojo izquierdo hacía el guiño estipulado
con la inclinación que produce el rimmel
y el ajenjo

érase que se era

y el hombre vuelto mujer se adiestraba en los tres filos
de la leyenda, los once picos de la maravilla

había una vez

un lugar hermoso porque era mío.

III. LOS PERSONAJES DEL LUGAR

We inside ourselves and others within us run an enormous distance every day.

MILORAD PAVIĆ, *The Inner Side of the Wind, Hero*

la palabra *arisco*

Era tan feo que daba pena
daban ganas de no tener ojos
daban ganas de invocar despiadadamente
a la oscuridad.

El ladrón de boca roja y dientes de triturar.

Largo como una soga sin nudos y completamente
metafísico
el rana croaba sentencias absurdas con boca de pastillas
ensimismado como bajo una roca gigantesca y alterado
como la alterada alteración.

El sacerdote azul de una secta de fervorosos mendigos.
El mago de inesperados conejos y culebras
y laberintos.

Lo recuerdo con la palabra *arisco.*
Lo recuerdo comiendo de mis manos
con la mansedumbre atroz de los lisiados
abierto de bruces sobre la planicie circular
de un vaso de agua.

Estaba hecho de cosas rotas.
Daban ganas de envolverlo en lienzos de papel
de china como a un objeto punzante
y quebradizo.
Daban ganas de buscarle una esquina sin lluvia
y sin frío.
Daban ganas de protegerlo de sí mismo.

Lo recuerdo hincado sobre mi regazo desanudándose
por dentro
un amanecer de mayo
cuando supo que mi nombre era *imposible* y el suyo
fatalidad.

la pura felicidad

Dolían sus ojos que miraban desde el ángulo exacto
de la más absoluta inermidad.
Dolían como duelen a veces los gritos de ciertos
cuervos extraviados en la cercana lejanía
después del aguacero
cómo dolían esos cielos de un *maldito cielo azul*
definitivo.

Dolían las álgidas carcajadas bajo la lluvia de ácido
los mocasines solos en pos de redondos remolinos
la glándula que secretaba viscosos flujos de placer
en una cámara sorpresiva del cerebro.

Dolía su manera de cuidar viejos álbumes rayados
como si fueran maravillosas arqueologías.

Y su método de muchacho pobre sobre
la vertiginosidad del asfalto.

Pero más dolían algunos lugares de su cuerpo
el fulgor de los muslos difuminadas
en brochazos de té
la serena acumulación de labios gemelos
esos góticos dientes blanquísimos
el estertor submarino de la cabellera negri-azul
de mítico cuervo.

Dolían los pinceles con los que coloreaba su piel
en la capilla sixtina de los párpados
Y sus citas de palabras muertas escritas por muertos
autores alemanes.
Y la manera en que repetía *no future* mientras se tiraba
sobre el Periférico a contar estrellas con los dedos.

Cómo dolían esas ganas de morir.

Y aquellas caminatas nocturnas en el laberinto
del lugar
el candado de las manos juntas
el milagro de los perros negros.

Y después dolían los vasos de leche que dejaban
un sabor a hierba fresca en la saliva.

Pero nada dolía como su cuerpo copiosamente entero
el tímido rostro crepuscular de las clavículas
asomándose al sereno
la espléndida propagación ojival de las costillas
la sonrisa tonta de las uñas.

Dolía, como duelen a veces las cosas, de pura felicidad.

...

Él es el hombre que nunca me dio su fotografía.

Lo recuerdo cuando tomo té de menta y la noche
se deshace en húmedos acertijos.

Lo recuerdo como algo que duele recordar dentro
de un cuarto lleno de esquinas.

A veces es un cuervo y, otras, un cierto color de nube
triste
un sol bajuno
un verano bajo el aguacero
el pábulo de la vela de Tarkovski que se apaga
y no se apaga y se apaga.

A su alrededor la lluvia es todavía delgada como
una lluvia milagrosa
y su cuerpo todavía lleva el tatuaje vespertino
de la leche fresca.

Recuerdo el sabor a cal desmoronándose blanco sobre
la lengua las noches en que leíamos a Corso.

Él me escribió seis cartas desde la orilla de un futuro
que casi alcanza a la orilla del pasado.

Y conocí a su madre y su hermanastra y su perro.

Y alguna vez quiso tener una hija con mis ojos.

Él es el hombre que nunca me dijo el año ni el mes
ni el día ni la hora de su nacimiento.

el ángel aleccionador

Le decía:
quieres darme una lección.
Quieres que aprenda a guardar el silencio bajo
la lengua mientras los ilusos hablan.
Que yo me vuelva como tú, eso quieres. Que sea
nadie, menos que nadie.
Una brizna de hiel en un frasco de formol.

Quieres que sea como tus verduleras, tus putas tristes,
tus mujeres buenas.

Que baje la vista ante el brillo amargo de tus alas
mientras desdoblo la ropa y ocupo mi lugar
en el charco de semen que dejaste ayer sobre
la cama.

Tengo que tender la cama.

Quieres que ponga la otra mejilla. Y luego la otra.
Y luego las manos, las nalgas, los muslos, bajo el
golpe de la regla de madera que te regaló tu
maestro de primaria.

Quieres que te dé las gracias.

Quieres que deje de mencionar los nombres
de los lugares comunes. Los otoños en París,

los veranos en Madagascar, el viaje a Florencia.
Nunca quieres que te cuente de las costas
de Balí.

Que me olvide de las sábanas de seda, el perfume
de algas, el oporto, el té de menta.

Que use palabras simples, quieres.

Quieres que te la mame.

Quieres que aprenda a imprecar con la dorada
languidez del héroe que nunca fuiste.
Que te sea infiel y lo cuente.
Que diga chistes.
Que me vuelva mala para ser un poco como tú, menos
que nadie, menos que nada.
Que te alborote el pelo y te unte el sexo de saliva
y deje moretones en el cuello para que salgas
con cara de feo en el retrato de la sagrada familia.
Quieres que te adore. Que adore tu verga, tu culo,
tu semen, tu mierda.
Quieres que te coja.

Quieres ser mi mujer.

Quieres darme una lección.

Quieres ser un dios caído, una fruta agria, un ángel
aleccionador.

lo que iba a escribir

¡Cómo se llenaba la boca de tierra y los ojos de sol!
Y esa manera tenaz de destruir castillos de carne
y de arena
milimétricamente
palabra tras palabra tras coma tras dientes.

Su método estaba enfermo de rabia, maltratado
de rabia, muerto de rabia.

Lo conocí dentro de la penumbra de una pintura
de Edvard Munch.

Su boca era una explanada hendida por las astas
puntiagudas de trescientas banderas.

Hasta el aire más quedo lo tocaba.
Hasta la falta de aire.

El que cayó como después cayeron las cenizas
del volcán sobre la ciudad.

Le cantaba al desastre.
Sus letanías estaban hechas de apretadas quijadas
juntas.
Los sonetos chorreaban baba en las escalinatas
de los endecasílabos.

Le cantaba a la abyección
a los olores de entrepierna
al gargajo que borraba rostros bajo la púrpura velocidad.

Le cantaba al arsénico y al tálamo
y a los tigres que entraron por las ventanas
de Tampico.

El aire
:una madeja de lisa violencia

el aire y esos chorros de luz ficticia navegada
por grumos de polvo

el aire y ese presentimiento apenas del Golfo
el lejano olor a sal.

El grito.

Tú me quebraste en dos como una vara
tú te detuviste a llorar junto a mi boca y mi sangre
te empapó las pestañas
tú eres la palabra moretón inscrita en mis enzimas
con letras pequeñas.

Letras de ácido ribonucleico y ácido
desoxirribonucleico.

Letras diminutas.

Iba a escribir *te quise* pero de repente se me quitaron
las ganas.

la juez

Hay años entre las dos
olor a palabras juntas y muchas horas
una madrugada que apareció azul por la ventana y nos
hizo pensar en algo largo (infinito humo,
maldades, tamarindos).
Nos miramos con el guiño ciego de los espejos tantas
veces
bajo el escalofrío de la llovizna el mismo paraguas
nos cubrió de Agosto.
Íbamos sobre las banquetas como sobre abismos.

¿Existió la gota que me erizó el organismo?

Tu nombre sabía a paréntesis, creo.
Creo que eras el ruido de la puerta que rechina,
el ángulo de luz, un vestido.
Creo que una noche llegaste a la cantina con la pijama
puesta y el cabello húmedo de mandarinas.
Creo que había pólvora y cocaína bajo tus suelas
cuando el perro de la nostalgia te mordió
los tobillos.
Que te conocía como el mapa de mis manos, creo.

¿Existió el humo de los mil cigarrillos?

Te llamabas días en que fui feliz.

Cuando tu nombre era Bolívar, en tu ojo derecho había
un restaurant chino y el izquierdo estaba vacío.

Tus hombros caídos querían decir complicidad a la par
de los míos.

Vivíamos en el universo prehistórico de las mujeres
solas, creo.
Antes de que se inventaran los registros, inscribimos
sombras en el muro blanco y en el piso.

Creo que en la gramática de los huesos nuestros
cuerpos eran puntos suspensivos.

Te llamabas Ciudad Más Grande del Mundo.
Te llamabas *afortunadamente.*
Te llamabas todas las cosas y cuando yo decía *todas
las cosas* murmuraba tu nombre más querido.

¿Existió el libro y, dentro del libro, existieron
las páginas del libro?

Hay años mareados de alcohol entre las dos, luces
indescriptibles, horas mordiéndose la cola.

¿Existieron las luces?

Nos pintamos las uñas juntas, creo.

¿Existieron las luces?

Dime que existieron las luces.
Dime que todavía respiras el humo de los mil
cigarrillos.
Dime que hay una gota de frío resbalando
por los cuellos de todos los agostos
que había charcos de tinta china entre las páginas
del libro, dime.

Mejor no digas nada.
El olor a palabras juntas es tu olor, creo. Vaho gris.
Aliento matutino.
Estanque menstrual donde se hunden los cartílagos
de los niños.

Lodazal.

¿Existieron las luces?
¿Hubo alguna vez banquetas que se abrieron como
abismos?

Nunca supe tu nombre.
Creo que nunca bajé al sótano de tus celdas.
Creo que nunca oí, nunca
la condena a muerte que dictaste para mí.

La pena.

y Wendy creció

No te perdono nada.

Acércate para que me oigas bien: no te perdono nada.

Hubo días en que desmenuzamos oraciones sobre
pasadizos de hierba seca.
Ahí aprendimos a decir *hoy hace calor, me gustan tus orejas.*
Los perros fornicaban frente a los altares diminutos
de las aceras.
Era abril, creo, la sequía anaranjada de una tolvanera.

Era abril en una isla que alguna vez fue Venecia.

Y yo me volvía pájaro, niña buena, calle sin gente,
manera.
Yo me volvía *yo*, un paréntesis, un alado caer de infinitivo, un caer
lentísimo
parvada de aves azules con voluntad
de precipicio.

Había rostros en los que me sumergía como en diurnos
jeroglíficos.
Había plegarias que me rozaban la punta de la lengua.
Había sustancias que me sacaban de abajo y me hacían
caminar sobre las aguas
milagrosamente
multiplicaba el pan y las ganas y el espanto.

Había una ciudad repartida en geométricos cajones
que yo esculcaba con la prisa del hurto
o el temor de ser descubierta.

Había cuerpos, muchos; los años eran un ajedrez
de manos y de venas.

Había más, supongo.

Nunca volví a tomar 87 aspirinas por equivocación.
Nunca volví a creer.

Había frutas ácidas, caricias con picahielo
y lastimaduras altas como cordilleras.

Había más, supongo.

He dicho que no te perdono nada.
Fichita azul, tipa de cuidado, bocaza de trementina.
Acércate para que me escuches mejor
ésta es la sentencia:
y Wendy creció.

divino tesoro

A mi juventud le faltan dientes.

Ayer la vi caminando con el hocico abierto bajo la luz
del mediodía, lívida de espanto y de seguir siendo
la termita que destruye los muebles cuando nadie
imagina, la palabra equívoca, la mosca que vuela.

¿Así que de esto se trataba todo?
¿Así que todo muere, amiga?

Mi juventud está sola y es ridícula.

En la calle donde la gente vive, mi juventud escupe
saliva azul, orina de pie en las esquinas, da traspiés,
intercambia pastillas por monedas, hace chistes de mal
gusto cuando nadie ríe.

La tonta lleva las medias raídas.
Vociferando, mi juventud dice: verga. Dice: a poco.
Dice: cuánto, cómo. Luego da vueltas como trompo.

Mi juventud es un juguete aburrido y tonto.

Si no la conociera, diría que es una mujer en perpetua
vigilia, un hombre con los brazos manchados de nubes
púrpura, pinchazos. Un horizonte al atardecer.
Nicotina. Un viaje en carretera. Un hotel con cortinas
de percal y florecitas mareadas de tijeras, marihuana,
cerezas.

Mi juventud no es una dama, nunca fue *la edad más hermosa* como la
de Nizan, una bugambilia.

La pobre siempre sufrió de miopía.

En los cines de barriada mi juventud olfatea el sexo
solitario de los hombres con periódico sobre regazo,
adolescentes, putas agrias, mujeres-con-pasado.

En las cantinas bebe los suspiros del agua-ardiente con
la lengua escaldada por filos metafísicos. Ve de reojo
el techo de las nubes grises, la lluvia, el verano en que
todo termina.

Hace tantos años.

Cuando se ríe, mi juventud muestra las encías,
la garganta, la laringe, los tendones de una metáfora
mal calculada y peor escrita.

Ayer la vi sobre Bolívar y le dije adiós entre
los empellones y el polvo de la una de la tarde:
la canícula.

La hora de la crueldad más veloz.

Mi juventud me da lástima y me da rabia y ganas
de salir corriendo tras sus huellas de perro apaleado,
cojitranco y hambriento.

Íbamos a vivir toda la vida juntas, dijo.
Me extrañarás, aseveró.

Mi juventud siempre supo más que yo.

IV. LOS VACÍOS DEL LUGAR

[Aquí debería ir algo que no existe y por eso no está].

[Aquí se esconde un paréntesis].

[Aquí soy una muda que mira con fascinación una
pecera].

[Aquí no se *oculta* nada].

V. LA TERCERA PARADA

> From this day on, we shall build. We shall flee and build fleeing. If you like, you may join me; if not, then go with your two gold coins in your beard, let them be yours for the trip. Henceforth, at every third stop I shall build. Anything. Whatever I know how.
>
> MILORAD PAVIĆ, *The Inner Side of the Wind, Leander*

Y cuando todo esto se pudra bajo la persistente lluvia
        de ácido
cuando la Ciudad Más Grande del Mundo yazga
        empequeñecida como un arrugado pergamino o
        como un antíquisimo mapa de bordes quemados,

cuando los saqueadores se lo hayan llevado todo
y nosotros hayamos perdido todo lo que íbamos
        a perder
(despojados hasta de huesos)

alguien le cantará al desastre.

Y los humanos restos, los difuntos fieles, tintinearán
        sus llaveros de espuma y de clave.

Y los furibundos, las feministas, los acorazados
        encontrarán consuelo bajo los árboles
        transparentes de sus propias manos. Sus propios dientes.

Y los sobrevivientes saldremos a llorar quedo
        por la Bestia que murió sola entre los muros

de su cuarto, víctima de quién sabe
cuántos crímenes.

Y los que quedamos reiremos con mi hermana muerta y con Joaquín muerto y con Marco Antonio ya siempre muerto.

Y los testarudos robaremos cuarenta veces los mismos
libros que nos enseñaron a robar de cuarenta
maneras diferentes.

Y nosotros los orates, los locos de remate, las piratas,
los lisiados de preguerra, los pirados, las mariquitas,
los drogos, las mujeres sin hijos ni marido,
los pránganas, los mudos para siempre, los inútiles,
los poetas, los quebrados, ondearemos la bandera
y escupiremos el copal hacia las nubes cándidas.

Y nos verán avanzando como un ejército de perros
con rabia vivos y muertos de rabia.

Un estupendo amanecer de junio.

Todo esto bajo la boca abierta del cielo. Todo esto bajo
el vendaval, ciegos de brillo y de ecos y de filos.
Todo esto sobre las anchas avenidas de la madrugada,
tan contundentemente solas y tan irremediablemente
olvidadas.

Y nos tendrán terror.
Y no pediremos perdón y no perdonaremos nada.

San Diego, California, verano de 1997- Metepec,
Estado de México, invierno de 2003

NOTAS FINALES

Empecé a escribir este libro en 1997, justo unos días después de mi arribo a San Diego, California. Una beca del Fonca me ayudó, durante el año 1999-2000, a continuar con la elaboración y la revisión del manuscrito. En el 2003, un año sabático y la beca del Sistema Nacional de Creadores me permitieron regresar a México, donde concluí esta versión del libro.

Todos los libros son comunales, se sabe. Pero éste es el más comunal de mis libros. Se lo debo, sin metáfora alguna, a ciertas calles, algunos años, y un puñado de personajes entrañables. Ellos y yo, y también otros, saben quiénes son. Este libro, que no es ni una confesión ni un recuento sino, en el más estricto de los sentidos, una imposibilidad, es naturalmente para *ellos*. Y *ellos*, por supuesto, es sólo otra manera de decir *nosotros*. Los cómplices de lo real. Una forma del alfabeto.

Porque, ahora, déjame decirte algo, Diómides...

Metepec, Estado de México, 27 de diciembre de 2003

LIBRO III: ¿HA ESTADO USTED ALGUNA VEZ EN EL MAR DEL NORTE?

Los hoteles vacíos

Entrábamos en ellos cuando ya no había nada más.
Después de pernoctar ilegalmente en las casas de todos
los amigos o después de dormir sobre bancas
de parques poco vigilados. Cuando lográbamos
intercambiar algo de mercancía robada por dinero
o cuando, sin más, aparecían a nuestro paso como
recordatorios o como milagros.

Cada ciudad tiene dos o tres, siempre en el Centro.
Se trata de una anti-cadena; una anti-trasnacional.

Vetustos, es el adjetivo que mejor los describe; ruinas,
el mejor sustantivo. Vetustas ruinas. Algo pesado,
ciertamente, y real. Y a punto de no existir. Y ya muerto.

Los recepcionistas nos daban las llaves sin despegar
los ojos del televisor que siempre pasaba una pelea
de box en blanco y negro.

Había que avanzar por el lobby en sumo silencio
y subir las escaleras de caracol sintiendo, muy
conscientemente, cómo se deslizaba la mano derecha
sobre el gélido barandal de hierro. Si volvíamos
la cabeza hacia arriba, era posible ver el vitral que,
de día, refractaba la luz y, de noche, le hacía muecas
al infinito.

Nunca vimos a nadie más ahí. Nunca hubo ruidos.

Ya dentro de la habitación, desenredábamos las cintas
de los zapatos y suspirábamos ruidosamente.
Tomábamos agua. Encendíamos cigarrillos rubios.
Veíamos sin disimulo el techo.

Todo esto en el más absoluto de los silencios. Todo
esto como si nos hubiéramos aprendido de memoria
un guión sagrado o autoritario, o ambas cosas.

Luego salíamos a la terraza y nos sentábamos sobre
bancos diminutos y recargábamos los antebrazos
y los mentones sobre el barandal de hierro.
Así veíamos pasar a la vida.

Había imágenes de la niñez y, luego,
de la adolescencia. Entre una cosa y otra, tomábamos
tragos de lo que, habrá que admitirlo, no era agua sino
tequila. Si esperábamos un poco más, podíamos
ver hasta el presente.

—Ésa eres tú —decía, incrédulamente. Sin poder
evitar la sonrisa o la resignación.

—Ésa soy yo —respondía.

Cuando nos quedábamos en la terraza hasta
la madrugada, sintiendo el vientecillo cálido
de la ciudad sobre la frente y observando el fluir
de la vida que se iba por todos lados, avizorábamos
incluso el momento en que, años después,
ya sin cigarrillos aunque sí con tequila, yo escribiría
las palabras "vetustas ruinas", las palabras "fluir

de la vida", la palabra "vientecillo", debajo del letrero
de neón —siempre azul, siempre intermitente—
de Los Hoteles Vacíos.

Las mujeres-con-pasado

Se les reconoce porque siempre miran hacia atrás.
A veces es un gesto que quiere pasar desapercibido
—la mano que sacude polvo imaginario
de un hombro, los ojos que vuelan sin permiso,
el perfil en constante acecho— y otras el descarado
volverse justo cuando se ha doblado la penúltima
esquina.

Se les reconoce porque su ropa parece extraída,
invariablemente, de un clóset de 1940.

Las manos les tiemblan, oh tan levemente, cuando
llevan la taza de café a los labios rojos, estriados, vivos.

Se arremolinan sobre los asientos. Como se dice.

Se ven más jóvenes de lo que son.

No saben estarse quietas, excepto cuando ven hacia
los ventanales. Cuando el zumbido hipnótico de la
mosca se las lleva lejos. A través.

Son platicadoras, ligeras, solares. Discurren
con facilidad sobre el costo de la vida y el quehacer
de los gobernantes. Han visto todas las comedias
románticas con Meg Ryan o Julia Roberts.

Utilizan con frecuencia la palabra carisma.

En el alrededor de sus cuerpos se esparce a menudo
ese aroma algo dulce y algo empalagoso
de los perfumes pasados de moda.

Hay rumores a su paso. Bisbiseos abstractos, algas,
maravillas.

A mí me gusta verlas sobre todo del otro lado
de los ventanales. Cuando encienden el primer
cigarrillo, cuando aspiran el humo, cuando lo dejan ir.

Esa grisura.

Ese terco callarse.

Todo esto bajo el zumbido hipnótico de la mosca
que nos lleva lejos, a través de los cristales sucios
de grasa y de tiempo. Todo esto.

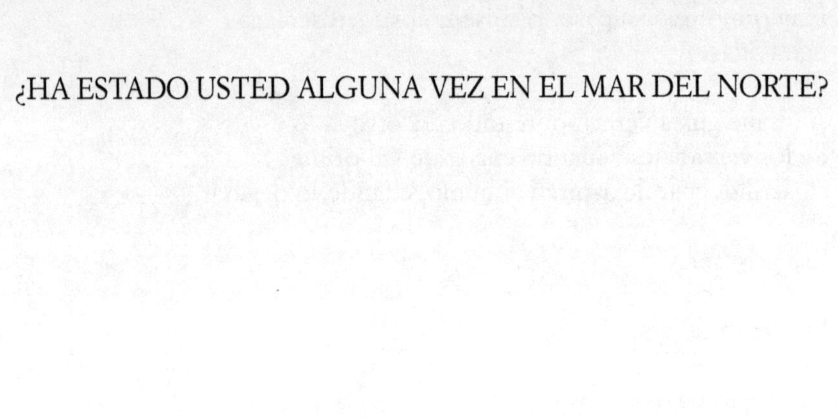

¿HA ESTADO USTED ALGUNA VEZ EN EL MAR DEL NORTE?

Las individuas

Llegaron una a una como gotas; una a una como naipes. Llegaron como llegan a veces las individuas —indisolubles, solitarias, muertas de calor o de frío, sucias de días, exhaustas—.

Supongo que todas llevan las uñas rotas.

La manera en que levita la prosa

La primera emergió del Mar Norte a mediados
de febrero. Más que una aparición, un flash back.
Un corte —violento, sagaz, preciso— en el oleaje
mercurial. Tan pronto como se alisó el pantalón
de mezclilla y la camiseta negra, pidió un cigarrillo.
Preguntó por el nombre del lugar, la hora. Miró
a su alrededor con la Mirada Horizontal.

—Esto se llama Aquí —dije—. Y son las 2:37.

—¿De la tarde o de la mañana? —por la pregunta supe
que venía de otro planeta y que su mente tenía cierta
inclinación por lo que aquí llamamos *exacto*.
Por la manera en que aspiró el humo del primer
cigarrillo y, después, lo dejó ir, supe lo que tenía
que saber. *Esa grisura. Ese terco callarse*. En ese momento,
exactamente como la prosa, una mantarraya se despegó
apenas de la arena y, bajo el peso del agua, levitó.

—Del Ahora —sugerí.

El nombre con que se inscribió en el registro civil
de Este Mundo es el de Amaranta Caballero.

Las esculturas súbitas

Los Desamparados y los Solos y los de Tres Corazones
Bajo el Pecho siempre encontraban una esquina
iridiscente, una ardiente oración, una almohada
de acechos en el cuarto de los ventanales sucios.

Desde ahí se veía una cara de Tijuana —la seca,
la inundada de luciérnagas, la ordenada, la mentirosa.

Desde ahí Tijuana nos veía.

Una mañana entraron las Verdaderas Palomas
por la ventana abierta y se cagaron sobre la cama
y la alfombra y los libros. Dejaron todo blanco
de mierda.

Amaranta Caballero y Abril Castro lo vieron todo
—la cama, la alfombra, los libros— e, inmóviles como
esculturas súbitas, se preguntaron, insistentemente:
"¿Así que esto era el amor?".

Esa grisura.

Ese terco callarse.

Y Tijuana —la seca, la inundada de luciérnagas,
la ordenada, la mentirosa— se sonrió con inusitada
cautela, con un decoro francamente inimaginable,
de su *cagado* susto.

March 05, 2003
BLOGSIVELA 2003
XXVII
(bramar, bufar, cantar, aullar)

Todo esto ocurre dentro de la imaginación
del narrador, dentro de sus deseos por ir detrás
del velo que cubre todas las cosas del mundo.
Todo esto:

LA PREGUNTA QUE SE QUEDÓ SIN RESPUESTA:
¿Cómo se le llama al sonido escandaloso y hueco
que emiten los lobos marinos al acercarse a la costa?

ESCENA I:
Hay tres mujeres aproximándose al muelle. Mujer Uno lleva abrigo color negro y bufanda a rayas. Mujer Dos trae el cabello suelto y una tristeza muy descobijada en los ojos. Mujer Tres camina despacio y canta en voz baja.

DIÁLOGO EN CONDICIONAL:
—Deberíamos ir a la isla…

—Tal vez sí, pero tengo frío.

—Yo también, pero sí deberíamos ir a la isla.

—Deberíamos espantar al frío.

—Tal vez.

ESCENA II:
Tres mujeres se aproximan al barco y, con cautela,
todavía dentro de la indecisión, dejan tierra firme
y se introducen, de un brinco, en el bamboleo
del navío. Mujer Uno teme que vomitará
de un momento a otro. Mujer Dos observa al hombre
que manejará la embarcación y, sin saber a ciencia
cierta por qué, mira hacia tierra firme con urgencia.
El vuelo de una gaviota le eriza la piel. El sonido
de los lobos marinos la deja impávida. Mujer Tres nota
la ansiedad en sus ojos alarmados y, tratando
de prevenir un ataque similar, busca la caja
de herramientas donde, para su alivio, descubre
un martillo. Luego recorre la cabina como si esperara
encontrar a alguien más a bordo. Una amenaza.
Un recién develado peligro. Mujer Uno observa
el momento en que la embarcación suelta las amarras.
Un segundo. Dos. La náusea desaparece. Los pulmones
se llenan de aire.

LO QUE MUJER UNO VE CUANDO
TODO MUNDO CREE QUE VE EL OCÉANO:
La iridiscencia que, sobre el oleaje marino, parece
un agujero que conectara a este mundo con otro
todavía imposible. Todavía divino.

LO QUE MUJER DOS VE CUANDO
TODO MUNDO CREE QUE VE EL OCÉANO:
Siente, sobre todo, el embate de las olas cuando
la embarcación cruza la boca de la bahía y se interna
en el mar adentro. El embate. Piensa en esa palabra
y cierra los ojos. La boca de la bahía. Los labios
de la costa. La lengua del litoral. El beso. El cruce.
El más allá. La corriente marina la empuja una y otra
vez con los mismos movimientos del hombre
que ahora vuelve a colocarse entre sus piernas.
Una y otra vez. El oleaje la zarandea. Abre los ojos
y el agua no es sino el cuerpo del hombre
que la penetra. Una y otra vez. En silencio. A gritos.

LO QUE MUJER TRES VE CUANDO
TODO MUNDO CREE QUE VE EL OCÉANO:
Hay una niña, el cuerpo de una niña, al ras del agua.
La corriente se la lleva poco a poco y, luego,
en un parpadeo, desaparece.

El sonido vacío y necesitado de los lobos marinos
las rodea. Un lamento. Un gemido. Un suspiro.
Esto dentro de un barco a medio hundir. Dentro
de una isla de óxido y piedra.

LO QUE ESCUCHA MUJER UNO:
Alguien me necesita. En algún lugar, lejos, alguien me
está necesitando ahorita.

LO QUE ESCUCHA MUJER DOS:
Cógeme. Súbete. Cómeme. Sí. Híncate. Tiéndete. Ábrete. Date la vuelta. Así. Ciérrate. Primavérate. Muérdeme. Éntrame. Salte. Pruébate. Ensalívame. Híncate otra vez. Ládrame. Descánsame. Sí. Bájate. Tiéndete. Empiézame. Termínate. Llénate. Chúpame. Llórate. Celébrame. Así.

LO QUE ESCUCHA MUJER TRES:
La voz de Angelika Kirchschlager, intraducible.

DIÁLOGO EN INFINITIVO:
—Pero se supone que coger es rico.

—Coger es rico.

—Lo pobre, a veces, es lo que ocurre después.

—Pero coger es rico.

—Mhhhhh.

—O antes.

—Lo pobre. Sí.

LO QUE MUJER UNO NO DICE:
Soy la sombra que me persigue y el perseguimiento
y el cuerpo y la sombra.

LO QUE MUJER DOS CALLA:
*Lifting belly. Are you. Lifting./Oh dear I said I was tender, fierce and tender./Do it. What a splendid example of carelessness./It gives me a great deal of pleasure to say yes./Why do I always smile./ I don't know./ It pleases me./ You are easily pleased./ I am very pleased./ Thank you I am scarcely sunny./ I wish the sun would come out./ Yes./ Do you lift it./ High./ Yes sir I helped to do it./ Did you/ Yes./ Do you lift it./ We cut strangely./ What./ That's it./ Address it say to it hat we will never repent./ A great many people come together./ Come together./ I don't think this has anything to do with it./ What I believe in is what I mean./ Lifting belly and roses./ We get a great many roses./ I always smile./ Yes./ And I am happy./ With what./ With what I said./ This evening./ Not pretty./ Beautiful./ Yes beautiful./ Why don't you prettily bow./ Because it shows thought./ It does./ Lifting belly is strong.**

LO QUE MUJER TRES SE GUARDA:
Si yo fuera hombre me andaría con cuidado. Si fuera mujer.

ESCENA III:
Circundan la isla y, a petición de Mujer Tres, la embarcación se detiene. El sonido del oleaje. Su olor. Están dentro del mar del Norte. Abren una botella de champaña y, al chocar las copas alargadas, piensan en una escena familiar.

---

* Gertrude Stein, *Lifting Belly*, (EUA: The Naiad Press, 1995), 2-3.

—Por el daño —murmura Mujer Dos—, por el final del daño.

El chasquido de la cola de una ballena las hace virar los torsos. Inconscientemente. Iridiscentemente. Inmaculadamente.

—Por el final del daño, pues —dicen las otras dos a coro. Una sonrisa mercurial en el centro mismo de cada rostro.

LO QUE SUSURRA LA VOZ EN OFF:
Los lobos marinos braman, bufan, aúllan y cantan, misteriosamente. Un tono de voz propio de un bajo-barítono ideal para interpretar Winterreise de Schubert.

[retrocederá...]

posted by crg at 2:46 PM

Presente paralelo

Esto es lo que ocurre: Matías ha dejado la puerta
de la casa abierta y un pájaro de las Tierras Altas,
un pájaro Común y Corriente, tan Común y tan
Corriente como las Palomas Verdaderas de Tijuana,
entra en la casa (del poema).

Aletea.

Aletea como imagino que aletea a veces
la heterosexualidad. Con desesperanza. Con algo
de prisa. Con ojos de jaula.

Al paso de su vuelo caen fotografías y adornos. Edades.
Susurros. Murallas.

Y me detengo frente a todo eso y, con la misma
inmovilidad de las esculturas súbitas, me pregunto,
insistentemente, "¿así que esto era el amor"?

Y nadie, absolutamente nadie, se ríe.

Una de sus manos iba siempre en una de las manos de la muerte

Cuando yo todavía vivía en el Otro País y guardaba
mi silencio como si fuera un Silencio de Años,
me imaginaba, con frecuencia, a alguien así.

Tenía dos nombres en lugar de uno. Y dos manos.
Y tres piernas. Y cuatro ojos. Y demasiado de todo
lo demás.

Bífida, como se dice a veces de la lengua para indicar
que está llena de peligros.

Irresuelta, como se califica a menudo a las novelas sin
final feliz.

Fluida, como la condición Posmoderna o como la vida
misma.

Fumaba cigarrillos de esa manera en que he
mencionado antes y, por eso, la reconocí. *Esa grisura.
Ese terco callarse.* Su ropa del famoso clóset de 1940
y la mirada más allá del ventanal. Siempre. Su aleteo
demencial. Su arremolinarse. Su no quedarse quieta.

Le decíamos arándano aunque olía usualmente a Eau
de Cartier.

La llamábamos Abril aunque solía convertirse
en Noviembre o en Marzo con la misma realista
docilidad.

Era una mujer o una mujer. Soberana como
la miel que le prestó el color a sus ojos. Cielística.
Inacabada. A-punto-de.

Bastaba con evocarla en la congregación del nosotr*a*s para que su
cuerpo hiciera un nosotr*o*s.

Viajaba a toda velocidad y no sola. Una de sus manos
iba siempre en una de las manos de la muerte. Así se
sentía a salvo. Protegida de las alas del mediodía
y del pesar más blanco.

Cuando yo vivía del Otro Lado de la Línea, silenciosa
y exhausta, dentro de un Silencio de Años y sucia
de días, me preguntaba, con frecuencia, si existiría
alguien así.

El gesto de la verdadera adicta

A veces el mar del Norte se transformaba en manto
y había que verlo como algo ajeno.

A veces se lo podía uno colocar sobre los hombros
como cosa muy usada o querida, y sentir, dependiendo
de incógnitos elementos, su calor o su extravío.

A veces era posible sentarse en su orilla,
sosegadamente. Y volverse escultura súbita o nube
desmemoriada. O arena con filos.

Todo podía pasar ahí en realidad. A veces había
que sobrevolarlo como a un desastre. O alejarse como
de la epidemia. O resignarse como ante la enfermedad.

En más de una ocasión vimos la manera inesperada
y no por ello menos natural en que emergió del agua
la cabeza de Concha Urquiza

—Pero si usted está muerta —le recordábamos
de inmediato.

Y ella, sin ponernos atención, interrumpía cualquier
comentario para pedirnos, con ese gesto desesperado
del verdadero adicto, un cigarrillo. *Por el amor de dios.*
Por lo que más quieran. Ya que había dado la primera
chupada —honda, con placer, toda ella en otro lugar—
y ya que había dejado desaparecer en el aire

la bocanada gris, el humo de artificio, entonces
nos pedía una toalla.

—No saben la clase de frío que hace ahí —nos
aseguraba sin atreverse a volver la vista atrás. Cuando
constataba la sorpresa en nuestros rostros no era capaz
de aguantar la risa.

—¿Qué? ¿Ustedes son de las que creen
que Los Sumergidos nunca tenemos frío?

Éramos de ésas, ciertamente. Y, por serlo, guardábamos
un silencio inconfesable y vergonzoso mientras
bajábamos la vista.

—Por lo menos —murmuraba luego en son de paz—
podrían ofrecerme algo de vino.

Entonces, sin que se lo pidiéramos, sin
que lo esperáramos siquiera, La Sumergida alzaba
su copa y brindaba y chupaba ávidamente
de su cigarrillo, todo a la vez, todo como
si ya no tuviera tiempo o como si se le estuviera
acabando el tiempo, mientras se quedaba como
nosotras, sentada sosegadamente sobre la orilla
de arena del mar del Norte, resignada ante
la enfermedad del agua y sobrevolando el desastre
con la Mirada Oblicua de la que ha muerto más
de una vez, de la que todavía no acaba de morir
o de la que, muriendo, reincide como una verdadera
adicta, con ese gesto de pordiosero y de mártir cruel
y de princesa degollada.

La invención de Maggie Triana

Saturday, May 17, 2003
BLOGSIVELA 2003
L.
(mayo es ahora)

Es que tomaron el boulevard rojo.
Es que no había luz.
Es que faltaba el agua.
Es que llegó Maggie Triana bajo el eclipse
(cabello rojo, pestañas extra-largas, uñas a medio
pintar)
y contó su peor sueño y su mejor pesadilla.

Es que se abrió el abrigo —negro, de peluche,
demencial— y se sonrió tres veces con el ojo izquierdo.
Es que recargó la cabeza sobre un hombro y, de regreso
al mundo, exclamó: esto es arándano (aunque
en realidad era Eau de Cartier).

Es que se señaló la boca.
Es que dijo: bésenme.
Y todas obedecieron —gustosas, sumisas, celestes.

Es que, como lo he anotado, no había luz.
Es que era jueves pero a todas les urgía ya que fuera
sábado.

Y Maggie insistía en contar —las manos en espiral,
la boca de vela en alta mar, la rodilla flexionada—
su peor sueño (el hombre que atravesaba el cuerpo
de la mujer para extraerle el músculo ese que, dijo,
algunos llaman corazón) y su mejor pesadilla (la mujer
que, en justo intercambio, atravesaba el cuerpo
del hombre para extraerle el ése que, repitió, algunos
llaman corazón).

Es que habían leído a Butler, Cixous, Wittig, Peri
Rossi, Pizarnik, Acker, Stein.

Y las mareaba el humo de los cigarrillos de clavo.
Djarum Black: *to enhance your smoking pleasure.*

Y nadie hablaba en el Café de Todos.

Es que la mantarraya descendía —deliciosa,
omnipotente, cándida— con esa lentitud casi
doméstica, esa lentitud de otro modo mitológica, hasta
la piel misma del océano.
Es que Amaranta Caballero caminaba descalza
y ecuménica sobre
su propia lengua.
Y Abril Castro se volvía una pez-hadilla sobre
la almohada.
Y Maggie Triana declaraba, con precisión profética:
cubrir de árboles el bosque. Bosquejar una mujer.
Circundar una mujer. Cubrir de bosques una ciudad,
bosquejar una mujer, circundar los árboles.
Y Lucina Constanza guardaba silencio.
Y La Sumergida se acostumbraba poco a poco, aunque
no sin torpeza y sin intolerancia, a su nueva vida
de Emergida.

Todo esto dentro de la Ciudad Sin Nombre. Todo esto en un lugar sin luz, sin agua.

Es que comieron uvas y pronunciaron las palabras muslo, codo, tráquea. Y también ésa que, Maggie volvía a decir, algunos conocen como corazón.

Es que no sabían de la piedad. Y no les interesaba hincarse.

Es que los fáunulos tomaban su siesta.

Es que faltaba el agua.
Y se quedaron meditabundas frente a la pregunta ¿por qué no?

Es que era mayo.
Es que mayo es ahora.

[retrocederá...]

posted by crg at 3:14 PM

Momento que define el concepto de la felicidad idiota

Sunday, May 18, 2003
BLOGSIVELA 2003
LI
(en el que La Autora, con su característico —aunque falaz— distanciamiento, intenta describir un paisaje, y un evento dentro del paisaje, pero sólo atina a hacer una larga y oscura pregunta)

La palabra delfín nunca me ha gustado.
Ese predominio de las primeras letras del alfabeto
—de, e, efe, i— ese acento que le quita el punto
a todas las íes, esa verticalidad forzada por las puntas
de la de, la ele y el garfio apenas disfrazado de la efe,
el mal gusto de terminar en ene. Bi-silábica. Aguda.
Una palabra con todas las agravantes de la gramática
y de la evocación. Aún peor, de poderse, en plural.
Ur-Kitsch. Una verdadera aberración. Entonces, ¿cómo
describir la manera lenta, distraída, en que Tres
Personajes Femeninos salieron del Paralelo 32 después
de tomar enormes tazas de café y de fumar
innumerables cigarrillos encerradas, de forma
por demás ficticia, dentro de una duermevela olorosa
a sal, y cómo ese momento en que, ya casi escaleras
arriba, se detuvieron porque habían alcanzado
a observar una sombra, para entonces inexplicable,
en la marea mercurial de un océano gris
y relativamente pacífico, cuya similitud —me atrevería
a decir, su interpenetración— con el cielo —porque

el cielo también era mercurial y gris y relativamente
pacífico— hacía que la pregunta "¿existió, alguna vez,
el horizonte?" pareciera no sólo natural sino, además,
necesaria, o de cualquier manera inevitable, mientras
ellas, los Tres Personajes Femeninos, seguían ahí,
al pie del malecón, pronunciando la bi-silábica y aguda
palabra con un gusto retrógrado, es decir infantil,
o cuando menos pasado de moda, uniéndola,
de manera por demás reverencial a los vocablos
"signo", "divinidad", " destino", como si formaran parte
del mismo universo semántico, como si la bi-silábica,
que ya para entonces pronunciaban, para colmo,
en plural, y con irrebatibles sonrisas en rostros, manos,
piernas, pudiera compararse de alguna manera,
aunque fuera mínima, con ésas otras, firmes y volátiles,
enteras y heridas, con las que se hace la pregunta
"¿existió, alguna vez, el horizonte?"

[retrocederá...]

posted by crg at 1:26 PM

La Emergida llegaba a veces extasiada de dolor, sola
como sobreviviente, olorosa a crystal y a semen.

Cuando le preguntábamos dónde había estado
contestaba que venía de Allá y, en sus ojos
de madrugada química, en su descalza voz de ex-
muerta, en cada una de las lanzas que perforaban
su costado alguna vez adolescente o divino, *Allá* sólo
quería decir Tijuana sin Luciérnagas. La Más
Verdadera. La Arpía.

Nuestro pudor, como lo llamaba, le causaba suspiros
escandalosos y delicadas sornas punzantes. Nuestras
costumbres *burguesas*.

—Su mar de mierda —balbucía. Y nos miraba desde
ese lugar donde sólo se oye el punzar de las venas,
el rasgar de la respiración. Y nos seguía viendo desde
los largos pasillos vacíos, desde los pasillos laberínticos
y rencorosos por donde sólo avanzaba el viento
de los bárbaros. Y no dejaba de mirarnos desde
la pecera. Y nos observaba.

Adentro.
Más adentro.
Debajo del agua y de la tierra.
Debajo del paladar.

—Su puto mar de mierda —reiteraba entre dientes,
con ese cansino hacer de cosa que ronda, con algo
de obscena gravedad en el tono de la voz, con cierto
anhelo de crimen—. Su puta mierda —deletreaba
hasta que, poco a poco, con toda seguridad
de la manera más lenta, aburrida tal vez o aquejada
ya de ese agotamiento radial que se asocia a menudo
con los recién resucitados, nos daba la espalda
y se ponía a ver el inicio de la luz a través
de los ventanales del cuarto.

Microscópicamente.
Las yemas de sus dedos sobre la superficie traslúcida
y vertical.
La frente. Las pestañas. La lengua.
Esa manera suya de postrarse. Y de orar.

—Están sucios —constataba después, mucho después,
cuando con o a pesar de la fatalidad conseguía estar
de vuelta—. Sucios de grasa y de tiempo.

Música de fondo

A veces se quitaban la piel y la colgaban
de los tendederos. Eso sucedía las mañanas
en que amanecían exhaustas, los mañanas
en que estaban a punto de decir no-aguanto-más.

Y la piel ondeaba de cara a la luz más preciada.
Y la piel se mecía en los brazos del viento, que son
los Brazos de Nadie, como si no existiera en realidad
ninguna razón para morir.
Olorosa a tacto y a pólvora y a flores de plástico
y también a limón, la piel mostraba sus cicatrices
con esa indiferencia que frecuentemente se confunde
con el orgullo.

Era un cuadro de aspiración bucólica y de belleza naif.

Si no hubiera sabido que eran sus pieles, sus pieles
en esos mañanas en que estaban muy cerca
de sumergirse, habría podido pensar que se trataba
de un spot televisivo al que sólo le faltaba la música
de violines y de hachas.

Las feministas

Pronunciaban la palabra. La escupían. La celebraban.
Corrían.

(Atrás de este vocablo debe oírse el pasar del viento).

Hablaban a contrapelo. Interrumpiéndose.
Ah, tan descaradamente.
Vivían a la intemperie, que es el mismo lugar donde
sentían.
Supongo que así nacieron.
No sabían de refugios, de techos, de amparos,
de patrocinios.
Estaban heridas de todo (y *todo* aquí quiere decir
la historia, el aire, el presente, el subjuntivo,
el contexto, la fuga).
Agnósticas más que ateas. Impactantes más
que hermosas. Vulnerables más que endebles. Vivas
más que tú. Más que yo. Estoicas más que fuertes.
Dichosas más que *dichas*.

Intolerantes. Sí. A veces.

¿Mencioné ya que eran brutales?

Caminaban en días de iracunda claridad como musas
de sí mismas
(eso ocurría sobre todo en el invierno cuando
los vientos del Santa Ana iban y venían

por los bulevares de Tijuana, arrastrando envolturas
de plástico y el polvo que obliga a cerrar los ojos
y negar la realidad)
a la orilla de todo, bamboleándose
eran la última gota que cuelga de la botella
(la mítica de la felicidad o la aún más mítica
que derrama el vaso y el sexo
impenetrable en la mismidad de su orificio)
y caían.

El colmo.
La epítome.
El acabóse.

(Por debajo de estas frases debe olerse el tufo que deja
tras de sí el viento horizontal).

Supongo que sólo con el tiempo se volvieron así.

Con hombres o, a veces, sin ellos, besaban
labiodentalmente.
Y se mudaban de casa y se cambiaban los calcetines
y preparaban arroz.
Y bajaban las escaleras y tomaban taxis y no sentían
compasión.
Decían: Éste es el viento que todo lo limpia.
Y pronunciaban la palabra. Enfáticas. Tenaces.
Pre-humanas.

Tajantes. Sí. Con frecuencia.
Conmovedoras más que alucinadas. Sibilinas más
que conscientes. Subrepticias más que críticas.
Hipertextuales. Claridosas.

Estoy segura de que ya mencioné que eran brutales.

Fumaban de manera inequívoca.
Cambiaban de página con la devoción y el cuidado
minimalista de las enamoradas.
Siempre andaban enamoradas.
En los días sequísimos del Santa Ana elevaban
los rostros y se dedicaban a ver (podían pasar horas
así) esas aves que, sobre sus cabezas, remontaban
lúcidamente el antagonismo del aire.

Y el Santa Ana (y aquí debe oírse una y otra
vez la palabra) (una y otra vez) despeinaba entonces
sus vastas cabelleras ariscas. Sus cruentas pestañas
(una y otra vez).

No sé de qué otra manera
describir la palabra violencia

Monday, October 06, 2003
BLOGSIVELA 2003
LXVI
(el nombre, la narrativa, y la violencia)

RECUERDO
Un hombre le pregunta a otro si se dice "corrupto"
o "corrompido". Esto ocurre, lo recuerdo, a la entrada
del Palacio Municipal, frente a un puesto
de periódicos, bajo una manta que reza:
AQUÍ SE RECIBEN SUS ARMAS DE FUEGO.

DES-APARICION
Sueño y, dentro del sueño, soy una sonámbula
que sabe (con el hartazgo que da la certeza absoluta)
(con ese sutil aburrimiento de cosa-que-
ineludiblemente-se-acaba) que pronto despertará.
Lo hago cuando Alguien toca a mi puerta.

—Está lloviendo —le digo antes de que él se vuelva
hacia su auto y me señale el rostro amoratado
de una mujer tras la ventanilla.

—La encontré cerca del bosque —me informa—.
Me dio su dirección.

Los observo a los dos, sin entender (que es como le corresponde ver a alguien que acaba de regresar de un sueño dentro del cual era una sonámbula). Los observo por largos minutos amurallados. Los observo y, finalmente, de algún lugar de la conciencia (que, como la inconsciencia, no está escondida sino en todos los sitios) sé con exactitud lo que debo hacer. Voy hacia mi bolso, lo abro, extraigo un par de billetes de la cartera, regreso, coloco los billetes extraídos sobre la mano del hombre, le doy las gracias, le sonrío.

Acaba de ocurrir un intercambio.

—¿Es su pariente? —me pregunta justo en el momento en que duda. Cuando está ya a punto de darse la vuelta y cerrar para siempre el incidente llamado Encontré a Una Mujer Amoratada Cerca del Bosque, el hombre no lo puede evitar y titubea.

—¿Qué? —le sonrío ahora—, ¿le parece que nos parecemos?

SIGNIFICADOS DE LA LLUVIA

Cuando el momento del despertar sucede bajo la lluvia quiere decir que La Verdadera Historia no ha iniciado aún.

La lluvia es anticipación.

Estar bajo la lluvia y estar despierto es lo mismo que ser una sonámbula que sabe lo que acabará pasando dentro de un sueño.

La lluvia es exceso.

Cuando una Mujer Amoratada se (des) aparece bajo
la lluvia quiere decir que urge enunciar la palabra
"sangre", la palabra "violencia", las palabras
"para siempre".

LA MIRADA IMPOSIBLE
En *The Plague of Fantasies*, especialmente en el capítulo
titulado "The Seven Veils of Fantasy", dice Slajov Žižek
que una narrativa fantasmática siempre involucra una
mirada imposible, es decir, la mirada a través de la cual
el sujeto se hace presente en el momento mismo
de su propia concepción.* Yo leo esto justo cuando
La Mujer Amoratada se vuelve a verme desde detrás
de la ventanilla y su mirada atraviesa el cuerpo
(casi invisible) (casi presente) de la lluvia.

Acaba de ocurrir un intercambio.

EL EXTRAÑO, AUNQUE INELUDIBLE, RETORNO DEL
NOMBRE
Bajo la lluvia.
Dentro de la distancia que inaugura y humedece
la lluvia.
En la travesía que va de La Mirada Imposible hasta
el momento mismo de La Propia Concepción.
El retorno del nombre ocurre como ocurre
un intercambio.

---

* Slavoj Žižek, *The Plague of Fantasies* (New York: Verso, 1997), 16.

Digo: Agnes.*

Y el mundo, que es la narrativa, "se apresta a resolver un antagonismo fundamental reorganizando sus términos en una sucesión temporal".**

LA VERDADERA HISTORIA
Agnes guarda silencio. Agnes no cuenta nada. Agnes me mira con La Mirada Imposible y, en ese momento, me doy cuenta de que me he puesto un vestido de invierno. Agnes se sienta a la mesa y acepta el té que le ofrezco. Luego, Agnes abre la boca y veo el sitio donde alguna vez tuvo la lengua.

—¿Quién lo hizo? —le pregunto lo imposible irracionalmente, inmediatamente, salvajemente. Luego medito sobre los colores de mi vestido.

éste es el momento de enunciar la palabra "sangre", la palabra "violencia", las palabras "para siempre". Éste es el momento de dar inicio a la historia.

GRUÑIR, GEMIR, PUJAR
Pronuncio su nombre. Lo hago varias veces. Lo hago y, viéndola, me cuesta trabajo creer que ése y no otro, y no cualquier otra cosa, sea su nombre.

---

* Véase capítulo I de la blogsivela "Words are the Very Eyes of Secrecy" (www.cristinariveragarza.blogspot.com).

** Žižek, *The Plague of Fantasies*, 11.

—Agnes —le susurro mientras acaricio el dorso
de su mano—. Agnes tú estabas muy lejos.

Ella abre la boca.

(el momento de la oscuridad)

(el momento que no se puede designar con el verbo
“expresar”)

Agnes abre la boca y se hace El Mar.

LO QUE HACE EL LENGUAJE
Aquí se reciben sus armas de fuego.

SUCESION TEMPORAL
Toma el té a sorbos pequeños mientras posa La Mirada
Imposible sobre la ventana.
Recuerda sucesos, intercambios, ocurrencias.
El Rostro Amoratado se cansa.
Le digo: tú estabas muy lejos.
Todo a nuestro alrededor se vuelve mar.
La conduzco hasta el ático en el que se encuentra
el lecho donde descansará.
La Mirada Imposible se cierra dentro de sí misma.
Hace frío.
Un momento de suma oscuridad.

Le digo: ahora estás muy cerca.

CONFESION
No sé de qué otra manera describir la palabra "violencia".

[retrocederá...]

posted by crr at 11:28 AM

Junto al hecho iridiscente

Así que esto era el dolor...

(un ella o un él dijo esto).

Monday, October 20, 2003
BLOGSIVELA 2003
LXXIII
(Ésta no es la palabra "tacto")

La Ex-Muerta se sienta sobre cojines de colores
y, expeliendo anchas bocanadas de humo, dice:
"no existo".

Le pido que lo pruebe.

(Afuera resplandece el sol de octubre. Un ave canta
al lado de la ventana. El aire pasa)

Me ve con los ojos entornados y, como si aceptara
el reto, me da la espalda.

Dice: Hace mucho, un Ser-de-Ojos-Amarillos también
me decía lo mismo.
Dice: En una pesadilla.
(Entre "Dice" y "Dice" guarda un silencio largo lleno
de más silencio)

Pregunta: ¿Así que ésta es la Ciudad-Sin-Nombre?
Respuesta: No, ésta es mi casa.
(Entre "Pregunta" y "Respuesta" el exterior ilumina

el interior donde, efectivamente, para mi asombro
y horror combinados, yace en ruinas un hecho urbano
al que nunca nadie le puso hombre)

(Entre "Pregunta" y "Respuesta" el Ser-de-Ojos-
Amarillos me señala el cuerpo)

(Entre "Pregunta" y "Respuesta" se hace frente a mí,
fosforescente, la palabra "tacto")

Afirmación: Ésta es la palabra "Tacto".
Negación: Ésta no es la palabra "Tacto".
(Entre la "Afirmación" y la "Negación" una mano
se lanza al vacío)

(Entre la "Afirmación" y la "Negación" el vacío
se vuelve mano)

(Todo puede ocurrir entre la "Afirmación"
y la "Negación")

Pregunta: ¿Así que no existes?
Respuesta: Estoy bajo el agua. La saliva me sabe
amarga. ¿Sabes qué es el luto?
(No hay nada entre esta "Pregunta" y esta "Respuesta")
(No hay nada, sino sus ojos amarillos, entre esta
"Pregunta" y esta "Respuesta")

El recuerdo de un hombre rubio que corre
por un pasillo estrechísimo abriendo puertas
de madera que se cierran, sin remedio, a su paso.

El estruendo.

El recuerdo de una mujer que toma pastillas de colores mientras observa nubes inconmovibles del otro lado de la ventana.

El recuerdo de la boca violeta, destrozada.

El recuerdo de un auto a toda velocidad justo cuando encuentra el único árbol del camino.

Un beso.

Todas son cosas que pasan.

Lo que supongo: el luto es el desarrollo del significado a través del tiempo.

[retrocederá…]

posted by crg at 11:00 AM

Tuesday, October 14, 2003
BLOGSIVELA 2003
LXX
(el pronombre, el texto, la primera despedida)

La mujer crea un bosque (de oyameles) (bajo
las nubes) (en las laderas del volcán).
La mujer entra en el bosque. Lo circunda. Lo penetra.

(Hansel y Gretel se preparan, de su mano y sin
saberlo, para un filicidio o para una errancia).

La mujer se pierde y se abandona dentro del bosque.
Y dentro del bosque se despide.

(El momento es tan largo que casi parece la traducción
de un bosque)

La mujer prescinde de la Tercera Persona. La Triplicada
Santísima Trindad. La Agnes-Lucina-Nombre-
Oculto-que-Nunca-se-Sabrá. La Amaranta-
Caballero-Abril-Castro-Maggie-Triana.

La mujer conoce el Yo

(el momento es tan poco momento que casi parece
una eternidad).

Y el Yo sólo sabe doler

It cannot be helped, on earth
*we play at people**

el Yo es una astilla que se clava en la yema del dedo
        índice del Yo
el Yo es una guillotina que separa la cabeza del cuerpo
        del Yo
el Yo se muerde la lengua y la escupe
el Yo conoce a La Muda.

La Muda soy Yo, dice La Muda paradójicamente.
La Muda Paradójicamente también soy Yo

Y entonces construyo El Texto
(que es el bosque)
y dentro del Texto está La Ciudad
(y por ser la ciudad de *mi* texto la ciudad no tiene
nombre)
y alrededor de la Ciudad-Sin-Nombre está el océano
(el Hecho Iridiscente)
(el Lecho Iridiscente).

Y el Yo todavía sólo sabe doler

But in her
The child —I cannot
Pray. She is in herself
A prayer. You, in this quiet circle

---

* Gennady Aygi, "Quietness", *Selected Poems 1954-94,* trad. de Peter France (Evanston, Illinois: Northwestern University Press, 1997), 41.

Yourself
Are utterly
*In Yourself.**

(acaba de suceder un momento tan corto como
la misma invisibilidad).

Hansel y Gretel son libres ya
(todo esto dentro de la muerte)
(y la muerte usualmente es una errancia)

Y entonces El Texto construye el Yo
(porque sus líneas son sarcófagos también)
y Yo soy la mujer que se pierde en un bosque
(y soy los oyameles y las nubes y las laderas
del volcán)
y Yo soy el cuerpo que se tiende sobre sus hojas
(y soy el color verde y el color café y el color gris)
y Yo soy quien va hacia la Tercera Persona
(trémulamente)
(en medio de tanto aire)

y la deja ir.

in the light of valley-crossings
it seemed —that children awoke amid grasses
and their singing sought words —somewhere nearby
as if from there
it seemed—

in the mist of the shining of the world
they remained like pearls like islands

---

* Aygi, "Leaf-fall and silence", 181.

*more painfully than in life—to shine**

(éste es El Texto del Yo para la Ex-Muerta).
(ésta es la primera despedida)

[retrocederá…]

posted by crg at 12:00 PM

* Aygi, "Forests--Backwards", 187.

Wednesday, October 08, 2003
BLOGSIVELA 2003
LXVIII
(el texto de espalda)

Si algo nos enseña la fotografía temprana de la artista africano-americana Lorna Simpson es que, efectivamente, "la cara se lee como una noticia; la espalda como un poema cifrado".* Cada uno de los retratos de esas mujeres negras y anónimas que le niegan el rostro al observador parece estar indicando también que dar la espalda es, como dar la cara, un verdadero desafío, aunque de naturaleza distinta. El que da la espalda niega, desaira, recusa, se da por vencido, se retira. El que da la espalda provoca el coraje o la imaginación. El que da la espalda crea la distancia dentro de la cual se desdobla el ojo alucinado.

Agnes camina de espaldas ahora mismo.

Lucina, a quien un Hombre Cruel persigue en la Ciudad Sin Nombre, no da la cara nunca, da la espalda.

Amaranta Caballero da la espalda cada que prepara té o café, actividades altamente simbólicas en su vida.

---

* AA.VV. *Lorna Simpson* (España: Centro de Arte de Salamanca, 2002). La cita textual proviene de Georges Banu, *L'homme de dos* (París: Adam Biro, 2000).

Maggie Triana y Abril Castro viven en perpetua retirada.

La Ciudad Sin Nombre no puede dar la cara que no tiene.

Los textos del yo son un solo texto de espalda.

[retrocederá...]

posted by crg at 1:47 PM

La dichosa

Decía: Yo no soy la dicha.
Si tú me dices, yo me desdigo.

Insistía: Si tú me dijeras, yo sería la *des-dicha-(da)*.

Añadía: Yo digo.
Yo soy mi propia dicha.

Concluía: dichosa yo que puedo decir.
Y decirte.

Cosas por el estilo le preocupaban a la Ex-Muerta,
la Emergida, la mismísima Concha Urquiza ahí,
sobre la arena.

La dichosa bis

La Ex-Muerta miraba hacia atrás. Enunciaba, con una lentitud muy suya, los nombres de ciertas ciudades: Nueva York, Ciudad de México, San Luis Potosí, Tijuana. Nos miraba a través de su propia cortina de humo. Nos enumeraba: Una, Dos, Tres.

—¿Y por eso sufren? —preguntaba con desgano. Luego se volvía a ver el mar del Norte. *Esa grisura. Ese terco callarse.* —¿Seguirá el agua tan fría?— murmuraba, y no se sabía si lo afirmaba o si sentía curiosidad. No se sabía si quería regresar.

Le dábamos pena, risa, ternura, melancolía, envidia, ganas de matar. Le dábamos lo que los vivos le dan a los muertos y viceversa. Todas esas cosas que acontecen abajo del agua, hasta el fondo del mar. En el norte. Le dábamos gusto, alegría.
La convertíamos, con nuestro andar, en la dichosa.
Eso decía.

Tuesday, May 20, 2003.
BLOGSIVELA 2003
LIII
(muchos años después, desde otro punto de vista)

Dice que era un día cubierto de nubes
pero, paradójicamente, saturado de luz. Como
si la claridad no fuera generada desde un solo
astro rector, sino producida por cada una de las partículas
del medio ambiente. Una luz delgadísima, de tintes
amarillos. Una red. Tan orgánica que podía respirarse.

—Dentro de esa luz —dice—, sucedió todo.

Ve hacia el techo y no hacia el rostro del hombre
que, vestido de negro, lo observa desde detrás
de su escritorio. Ve el techo como si viera la luz
de la que habla en tonos quedos, casi imposibles.

Cuenta que estaba en la playa, que habían ido ahí,
a las costas del mar del Norte, para pasar unas cortas
vacaciones en familia: su padre, su madre, su hermana,
él mismo. Ese día el padre los había ayudado
a construir los muros de un castillo de arena
lo suficientemente grande como para contener
a los dos hijos. Su energía. Su gozo. La madre los veía
desde lejos, sentada en la tumbona de plástico, desde

detrás de los lentes oscuros. Cuenta que estaba feliz de esa manera unívoca y total en que lo son algunas veces los niños.

—Hacía frío —dice—. El viento, fino también, tan delgado como la luz, no alcanzaba a calentarse a su contacto.

Guarda silencio.

—Sí —repite—. Era un día frío y lleno de luz.

Describe que ya habían empezado a jugar con la pelota roja, de plástico. Una baratija que, a última hora, la madre había subido al coche. La hermana la había pateado con fuerza y la pelota, vacía y sin gravedad alguna, estaba flotando sobre las olas que lamían la arena. Describe su manera de ir por la pelota: no pensaba en otra cosa. Una línea recta.

—Entonces las vi —murmura—. Tres figuras que caminaban a paso lento sobre la arena. Tres fantasmas observando la luz en el silencio más absoluto. Tres mujeres. Tres Personajes Femeninos.

Refiere que se quedó detenido con el objeto rojo entre las manos, imposibilitado a dar un paso más o a virar el rostro. Refiere que aún así como estaba, inmóvil y pasmado, las siguió con la mirada. Dos figuras tomaron asiento sobre una piedra, mientras la Tercera se recostaba directamente sobre la arena. No hablaron. Veían las aguas del océano con una concentración definitiva.

—No estaban ahí en realidad —murmura—.
No estaban en ningún lado. ¿Me explico? O estaban
en todos lados. En todos los Mares del Norte.

El hombre del otro lado del escritorio asiente
con la cabeza sin ninguna expresión en el rostro.

—Tuve ganas de escribir en ese mismo momento
—murmura, bajando la vista, como si tal deseo le
ocasionara vergüenza, desazón, arrepentimiento—.
Las veía y dejaba de verlas, ¿me explico? Por el deseo
de escribir.

Cuenta que quiso salir corriendo hacia su cuaderno
pero que tenía el deseo, igualmente avasallador,
de permanecer ahí, observándolas, viendo la manera
en que guardaban silencio y, dentro de ese silencio,
la manera diminuta en que, sin previo aviso,
sin cambio perceptible en las facciones del rostro,
empezaron a llorar. Las tres. Cuanta que el recorrido
vertical de las lágrimas fue lentísimo.

—Toda una eternidad ahí —dice—. Y yo quise escribir
eso —reitera—. Escribir que ése era uno de esos
pocos, poquísimos días en que la pregunta "¿existió,
alguna vez, el horizonte?" emerge de una forma
natural.

Guarda silencio y luego dice:

—Fue ese día. Lo sé.

Y luego guarda silencio una vez más. Exhausto.

—Poco después emigramos a América —es la primera vez que observa la ventana rectangular por la que se cuelan los filos de los rascacielos aledaños, el cielo gris, un pájaro enano—. Aquí —balbucea.

El silencio en el cuarto pulcro es tan absoluto ahora como el que describe.

—¿Y desde entonces se llama usted Marty N. Omas? —le pregunta.

—Sí —una mueca sobre su rostro, un gesto dentro del cual se concentra el tiempo, todo junto, todo a la vez—. Les era difícil pronunciar Martynov Nisherek Omashnujäc. Mi nombre.

Luego ya no dice nada.

—Había delfines en la playa —el comentario brota de la nada, de esa nada que se produce cuando el interlocutor sabe que el tiempo se acaba—. Saltaban, ¿sabe usted? Salían del agua a gran velocidad y, ya en el aire, se contorsionaban con una gracia de otro mundo. Algo divino —dice—. Sí —repite—. Algo divino.

Sonríe. Esa mueca. Lo está viendo todo otra vez.

—Se trató de un día feliz.

El hombre detrás del escritorio se vuelve a ver, con suma discreción, el reloj que coloca siempre en el extremo izquierdo del mismo, de espaldas a sus pacientes.

—Bien, señor Omas, lo veo la próxima semana.

—¿Ha estado usted alguna vez en el mar del Norte? —le pregunta antes de cerrar la puerta tras de sí.

El hombre detrás del escritorio lo observa. Va hacia él. Le extiende la mano. La estrecha. Lo ve a los ojos y, de súbito, baja la vista.

—La próxima semana, señor Omas.

[retrocederá…]

posted by crg at 11:09 AM

LA MUERTE ME DA
por Anne-Marie Bianco
(2007)*

* Los poemas de este libro se publicaron por primera vez en Bonobos Editores, un año antes de la publicación de la novela homónima de la cual es hermano siamés.

CIERTOS LUJOS

Hace ya casi un año, en noviembre de 2005, recibí vía correo, y de manera por demás inusual (el paquete fue enviado al domicilio en el que viví sólo hasta los 13 años), el manuscrito de *La muerte me da*, acompañado de una pequeña nota en la que su autora me pedía que considerara dicho material para ser publicado dentro de la serie de poesía del sello editorial que dirijo. Desde luego, no solemos recibir este tipo de peticiones o, al menos, no de esta manera, ya que Bonobos es todavía una pequeña editorial independiente que privilegia en sus publicaciones a una cierta poesía cuyo valor de cambio en el mercado editorial es casi nulo. Pero su nota no era sino el más pequeño de los enigmas que, casi por casualidad (hoy en día, ¿quién de nosotros tiene la suficiente paciencia y disposición para buscar a un antiguo inquilino a quien le llega un paquete, y a quien ¡ni siquiera conocemos!?), llegó a mis manos. El más grande, o el más obvio, era el nombre de su autora: Anne-Marie Bianco. En ese momento, no recordaba a ningún poeta, ya local o regional o, inclusive, continental, con ese nombre. Su apellido, sin embargo, me resultaba familiar. Días más tarde, y motivado por una circunstancia claramente ajena a estos asuntos, vino de súbito a mi cabeza el nombre de un escritor italiano —o al menos ésa debería ser su ascendencia— que en los años sesenta y setenta publicó un puñado de poemas en algunas revistas literarias del país: Bruno Bianco. Pude recordar también, y esto gracias al poeta Ulises Aldravandi con quien traté el extraño suceso del envío, dos cosas más: primero, que durante algún tiempo se sospechó que Bruno Bianco era el seudónimo adoptado por un conocido grupo de poetas que solían reunirse con cierta frecuencia en una popular cantina de la colonia Céntrica: el ya mítico Bar Siracusa; segundo, que la factura de aquellos textos dispersos era —si tuviera que definirla sólo con dos palabra— rota e inquietante.

Asimismo, Aldravandi y yo pudimos recordar que en los versos de Bruno Bianco podía percibirse una extraña poderosa sensación de inasibilidad, rasgo que atribuimos a los temas elegidos por este raro poeta y a sus respectivos tratamientos. Al final, convenimos que estas características volvían inmune a la indiferencia el breve pero entrañable paso de Bianco por la literatura que frecuentábamos. Bruno Bianco: el nombre de un poeta que lleva, en las dos palabras que lo forman, una irreconciliable contradicción: Bruno (oscuro) Bianco (blanco). Bruno Bianco: extraño personaje que quizá jamás existió (al menos físicamente). Bruno Bianco: el poeta abstracto. Bruno Bianco: el poeta como señal. Y bajo ese influjo, releí los poemas de *La muerte me da* y, como se puede advertir, decidí publicar el libro. Estaba ya en el proceso de revisión de galeras cuando recibí una segunda nota de Anne-Marie Bianco, misma que llegó, como podrán suponer, también de manera extraña. Esta vez me preguntaba sobre el dictamen. Me daba, además, una dirección y la fecha para un futuro encuentro. El día indicado, media hora antes de la cita, me dirigí hacia el hotel de altos techos y vitrales coloridos donde me encontraría finalmente con la poeta. Me senté en el lobby y observé a mi alrededor. No sabía si esperaba a una jovencita o a una anciana o a un hombre maduro. De súbito todo parecía caber dentro del nombre, todo dentro de Anne-Marie Bianco: el cuerpo delgadísimo de la hija de un poeta inventado; la silueta de la mujer que, ya vieja, decide romper la careta de la masculinidad y dejarse ver; el diagrama del hombre que siempre fue o seguirá siendo. Mi desatino era tan claro que resultaba avasallador. Ahí estaba yo, confundido y un poco malhumorado, esperando a un fantasma en el lobby de un hotel lleno de gente que, como yo, daba la impresión de estar perdida, de buscar algo. Anne-Marie Bianco, por supuesto, no se presentó a la cita. O acaso se presentó a la cita pero evitó encontrarme. En todo caso, ese día, que era el día indicado, a una hora también indicada, no conocí a Anne-Marie Bianco. Nunca supe qué la movía o cuáles, además de su obsesivo rondar la poesía de Alejandra Pizarnik, eran sus lecturas. Nunca supe su edad ni su lugar de nacimiento. Nunca la vi callar o sonreír. Pero una pequeña editorial independiente puede darse ciertos lujos: éste, por ejemplo: publicar a una autora sin rostro en un mundo donde el rostro se ha convertido en una especie de dictadura. O este otro: apostar por un texto, por un puro texto, por el texto. Este libro está, pues, en lugar de ese encuentro. Es el texto que, sin rostro, se abre con la parsimonia de una pregunta, de un acertijo. A los lectores les corresponderá, si así lo deciden, construir ese rostro e implicarse, si fuera necesario, en el enigma.

Santiago Matías

NOTA A LA EDICIÓN

Sólo un par de señalamientos:

- Mediante corchetes se indican los versos, palabras y párrafos ilegibles o que al parecer fueron eliminados parcial o definitivamente del texto por la autora. Sin embargo, hemos querido respetar el espacio (¿o anonimato?) que en el manuscrito original les fue asignado.

- Al final del libro hemos incluido, a manera de *addenda*, los dos únicos textos que pudimos localizar del que suponemos es el padre de Anne-Marie: Bruno Bianco. Quisiera poder justificar esta acción, pero no puedo y tampoco lo deseo. Solamente diré que todo responde a un impulso, a la inmediata consecuencia de leer este libro: ánimos de correr otro riesgo, de creer a ciegas en el puro texto, de elevar una vez más el monto de la apuesta. ¿Por qué no?

Un libro —para mí, hecho por mí—,
el viaje de la conciencia por un estado

CARIDAD ATENCIO, *Los cursos imantados*

I.
EL LUGAR DE LOS HECHOS

Me pides una historia. Me *[tachado]*
un regreso: a la sangre (esa sangre): me pides
mis notas.

Una historia: Terror y conmoción causó. Un hallazgo.
El cuerpo sin vida de un hombre. El interior de un
callejón. La cara vendada. Atado de pies y manos.

Una manera de adjetivar: Brutal homicidio.
Infortunado ciudadano. Trágico caso. Mayúscula
sorpresa.

Una manera de narrar: ...las muñecas permanecían
amarradas con cinta y los brazos estirados hacia
enfrente de su cabeza...

El lugar de los hechos.

(¿Qué es un lugar? ¿Qué es un hecho?)
Una zanja. Un callejón. Una oscuridad. Una casa
abandonada. Un esqueleto. Un bote de basura. Un
féretro. Un departamento en esa esquina. Una esquina.
Un parque. Un gemido. Un túnel. Una plena luz del
día. Una calle. Una vía rápida. Una vía más rápida.
Más.

Esta herida (que es una palabra herida): un hecho.
Esta manera de quebrarse y de caer: un lugar.

[tachado]
Otro cuerpo sin vida. Otro ciudadano. Signos de mutilación.
(una manera de enunciar).

¿Qué es una noticia?

Esto de morir frente a los ojos del público, esto
una manera de decir *mi muerte que me da en pleno sexo, es verdad*
emblemáticamente
un cierto olor a papel manoseado
signo de exclamación, signo de puntuación, signo de más
un exceso. Sí. Eso.
Un periódico.

Morir en el exceso de la mirada: morir frente a ti, abierta.
Morir en la lenta escritura de la palabra morir, sin remedio.

Me pides mis notas. Me pides mis ojos vueltos hacia atrás. Me pides (¿en nombre de qué me pides?) que dé un paso y otro y me descubra, abierta como una noticia, desmembrada como tus muertos, frente al espejo de tu página. Tu deseo.

Me pides tantas cosas. De verdad.

Una manera de detenerse a pensar: Las primeras indagatorias. La víctima. Versiones preliminares. Todo por confirmarse.

II.
¡MACABRO!

Esta mañana
un hombre (de aproximadamente 30 años de edad):
fue descubierto sin vida
atado de pies y manos y vendado (de los ojos)
en una zanja

(Así lo escribí yo).

La policía ya
(investiga el caso).

III.
EL CUERPO Y LA LÍNEA

Son los días de los escritorios de metal, las pantallas
en color verde, las sopas instantáneas. Los días de
esas muertes, son. Los recuerdo. Lo recuerdo bien. Lo
recuerdo todo. Mi vestido rojo. Mi hambre (siempre
tenía hambre). Mi gusto por el corte súbito de la frase.

Nunca hablamos de Pizarnik tú y yo.

Nunca hablamos de su prosa. De sus problemas
con la prosa. De su deseo por la prosa. De su deseo
(insatisfecho) por la prosa.

Mientras los hombres morían (porque el destino de los
hombres es morir) marcados por el objeto
con filo, yo cortaba la frase. Gustosa
abría la línea (como el que abre una lata de sardinas)
la probabilidad de otra línea. Bifurcaba
una mano a la derecha y otra mano a la izquierda
el cuerpo en medio, el cuerpo
marcado por la apertura de la línea
caía. Desangrado.
El cuerpo solo.

La Nota Roja anunciaba al día siguiente: nunca
hablamos de la prosa.
Debemos hablar de la prosa. La prosa es *[ilegible]*.
Cosa por hablar.

IV.
IR Y NO VENIR

Ir al Ministerio Público y regresar del Ministerio
Público. Ir a la muerte.
Hacer preguntas acerca de la muerte.
Tomar fotografías de la muerte. Callarse
junto a las imágenes de la muerte. Tener frío.
Escribir sobre la muerte. Sobre las preguntas acerca
de la muerte.
Escribir: muerte. Separar las sílabas. Desentrañar
letras.
Escribir la muerte. Abrirla.

(Una lata de sardinas. Una lápida. Una ventana.)

No volver nunca de la muerte.
Quedarse en la muerte.

V.
QUIEN VERSIFICA NO VERIFICA

¿Quién verifica la línea (algo que punza) (algo que
entra) en el pecho de la aldaba?
¿Quién versifica la puerta y, bajo la puerta, la luz que
se trasmina?

Te regalo la línea pordiosera inacabada letal.

Póntela en la puerta del cuerpo (la boca para que
entiendas) (el orificio nasal) (el orificio sexual)
(la rendija) la luz trasminada.

La línea entra y, entrando, rompe. La línea es el arma:
[ilegible].

Una línea de coca.
Una línea de luz: una espada. Ese atardecer. Un
horizonte.
Una línea de palabras (rotas aldabas).
Una línea de puntos (y de puntos y comas). Una línea
de puertas semiabiertas.
La línea de tu falta. La línea de tu pantalón.
La línea telefónica (agónica).
La línea que te parte en dos.

¿Quién versifica? ¿Quién versifica al versificador?
¿Quién verifica?

El testigo soy yo.

VI.
LA VÍCTIMA SIEMPRE ES FEMENINA

En el Ministerio (que es un lugar de los hechos)
(un lugar de helechos) (de lechos).
En el cuerpo (que es público) (que está abierto)
(que es un muerto).
En el tajo (dentro del tajo) (debajo del tajo, carajo)
(en la raíz misma del tajo).

¿Quién habla ahí? ¿Quién es la primera persona de
nuestro singular? ¿Dónde lloro?

En el helecho que calla: verde verderte, lugar.
Verganza.
En lo que está abierto (que es el lugar de los hechos).
En la raíz misma del tajo (que es público) (que es un
Ministerio).
En el cuerpo. Dentro del tajo. En la raíz misma
del tajo.

¿Y por qué no decir escuetamente, estrictamente,
sencillamente, que el cadáver yace bocarriba sobre la
estrecha tabla del forense?

¿Por qué no decir que es febrero y *[tachado]* frío?

En el lecho (que es un cuerpo) (estrictamente).
Ante el muerto (que es una víctima) (que es femenina)
(que es gramaticalmente)

Frente al público (que es el lenguaje) (estas líneas) (aldabas).

En la raíz: ¿Por qué no preguntar quién carajos habla?

Escuetamente.

VII.
ES VERDAD, LA MUERTE ME DA

En tu sexo
(armadura tajadura tachadura) (ranura)
en el aquí de todas las cosas del mundo, me da
la muerte (que es este paréntesis) (y éste)

huelo como miro duelo: una colección de verbos

la pájara del deseo en el nido: un agüero
es verdad, la muerte es verdad
me da, dadivoso dardo en duelo, en el sexo plural.

Primera persona. Habla, carajo, primera persona.
Mi boca.
Mi lágrima.
Mi bragueta.
Mi necesidad.
Mis notas. Tú quieres
mis notas
do re mi do re mi fa sol sol.

La muerte es de verdad. Mi duelo. Mi escopeta.
Mi sospecha. Mi culpa.

Primera plana: el cuerpo boca abajo. Los brazos atados
y frente a la cabeza. El rostro cubierto de vendas.
El pantalón: hasta la rodilla.

Veo ardo observo callo duelo: segunda colección
de verbos.

Ya nada será igual.

VIII.
LA IMAGINACIÓN MASCULINA

Hay una gran explanada. Y, sobre la extensa explanada
sin explicación, hay ráfagas. Ráfagas de aire y polvo.
Ráfagas afganas. Una ventisca. Entonces aparece
el cuerpo. Único y solo, aquí. Un velo verde sobre él,
sobre el cuerpo. Una daga debajo de él, del velo.
El culpable: el deseo de cortar. El tiempo en que el
deseo madura: el filo. El proceso de afilar. El ruido
del afilador. Un plan maestro.

La música del objeto que adelgaza al objeto. Piedra
contra metal. A eso, en otros lugares, se le denomina
chirrido. Las muelas apretadas. La piel en erizo. A eso,
en otros lugares, se le denomina tener frío.

El juego se llama *yo soy*. ¿Quién camina sobre la
explanada bajo la ventisca? Abajo del velo: un ella o él.
Sobre el velo, con furia: la ráfaga. Algo camina sobre
la página que no tiene explicación. Un asesino o una
asesina. Unas ganas de usar gafas. El juego se llama
aquí. Se llama iracunda, la explanada.

Hay una enana en una mesa. Una cuerda floja.
Una distancia de muchos metros: abismo abajo.
Hay dos brazos que, extendidos, producen un extraño
equilibrio. Hay una boca. Debajo de todo eso hay una
boca. La boca dice: el juego se llama *yo soy*. La boca sale
al alba y pronuncia la sílaba. Dice: No.

La mesa puede ser una explanada o una página.
Música de metal contra piel: un alrededor. Ese chirrido.

Una explanada que es una mano limpísima. Blandir es un sinónimo de empuñar, un antónimo de soltar. La mano blande el arma y suelta todo lo demás. El fulgor. Surcos sobre láminas de cobre. Surcos en láminas de piel. Esto una venganza. Esto es.

Una mujer muy pequeña sabe.

IX.
DENTRO DE TI DENTRO DE MÍ

El ojo se aproxima a la puerta (la aldaba).

Prevaricar aullar nublar dejar atrás: mi tercera colección de verbos.

Alguien dentro de ti alzó el filo dentro de mí
(la música que se oye es de insectos)
alguien dentro de mí elevó el grito dentro de ti
(el espacio que se atisba es del hambre más larga)
alguien dentro de ti tocó el instrumento dentro de mí
(una guillotina y su eco) (un botón) (el entrecejo)
alguien dentro de mí cortó la mariposa dentro de ti
(la roca en el despeñadero)

El ojo se cierra (animal serrado) y el insecto en el espacio del hambre más larga cae con el peso vertical de la hoja. La guillotina encalla.

Alguien dentro de ti cortó esa hoja dentro de mí
(la enfermedad suspira)
alguien dentro de mí abrió la aldaba dentro de mí
(un grito largo)
(la música de la máquina)
(un sonámbulo).

Dentro de mí alguien dentro de ti cercena arranca
extirpa mutila daña
(una cuarta colección de verbos)

Sólo hace falta un bosque. Una niebla.

El ojo se abre dentro de ti (una puerta dentro de mí).
La aldaba sueña.

X.
LAS ESCENAS VISIBLES

In situ: un cuarto, una habitación, un rectángulo, una
página.
El cuerpo en el centro.
Una plancha. Una manguera. Una cubeta.

Un personaje de ficción: el cadáver.
Un personaje de ficción: el muertero.
(una historia de amor).

Las herramientas: una sierra, un cuchillo, un martillo.
(cosas del oficio).

La acción: la piel de la cara, hacia arriba. Una máscara.
Lo propio de la muerte es desnudar. La sierra sobre el
cráneo: el ruido y el olor a humo y a sesos. El cuchillo
en el vientre, hacia arriba. Sobre el esternón,
el martillo. Cric. Crac.
(éste no es un poema narrativo).

El escritor: un forense que anota lo que sale de adentro.
El lector: el ministerio público que testifica los hechos.
(una historia de amor).

El olor a sangre sobre todo eso.

XI.
MINÚSCULO *[ILEGIBLE]* DESCRIPTIVO

Es como si hubieras vomitado por largo rato y, luego, vomitado todavía más (un amanecer, sobre una pared marcada por el lado más estrecho de la moneda. Esa línea). Lo que queda sobre los dientes machacados, detrás de los labios cuando se cierran, en la humedad humana de la boca. Las frases adversativas "agrio pero puntiagudo", "podrido pero etéreo", "acedo pero rojo".

XII.
UNA CONFESIÓN

El vendaval. Eso pasó.
Las noticias. Las imágenes en las noticias. Las lágrimas de las madres.
Pasó (esto es una narración) el tiempo.

El filo pasó sobre el cuerpo. ¡Oh, tan cinematográficamente!

Close Up: el poro abierto, la raíz del vello, el pliegue de la arruga. La suciedad.
Close Up: el ojo que mira. La sangre que acaba de
    manar

la hoja (la guillotina) sobre el estrépito del pájaro
el animal que soy. Una hipnosis.

El invierno me da miedo. Miedo de que se vaya.

Eso pasó: el día nublado.
La Gran Vidente se la declaró la guerra a Sí Misma.
Y perdió el cuerpo.
Y perdió la aurora (y Aurora *[tachado]* es nombre de mujer).
Perdió la mano, centrífuga. Las estrellas retraídas. Las uñas.

(Un ejército de muertos danza en la cabeza de un ángel que tiene un alfiler en el plexo)

Perdió el futuro (cosa de tiempo que se deslinda)

Todo eso lo vi en las noticias.

¿Y quién creó la planta, la bestia, el vencedor?
Haría frío (y eso también pasó).

Yo soy en realidad una periodista.

XIII. EFECTO DE AMPLIFICACIÓN

La Mujer Enorme hunde su zapato
sobre el césped. Su ojo
un círculo como un halo alrededor del cielo. La mano
una lápida que cubre el andar de los insectos. Astrales
los lamentos. Las culpas. Los me-arrepiento.

La contrición.

Todo para decir Saturno. Para decir: Nunca llueve.

La luz tan nítida.
Una mano circunda la habitación donde algo pasará.
La puerta, que se abre.

¿Alguien preguntó sobre la dirección que tomaría la
hilera de las hormigas?
¿Alguien detuvo el desfile donde los muertos se
disfrazaron de los muertos?
¿Alguien lloró, estupefacto?

*Esas torres son el lugar donde se atiende a lo que
continuamente posterga su llegada.* Alguien decía eso de
sus dos colosales piernas, de sus erguidas gramíneas,
de sus minaretes de fábula.

Abajo: la llanura.
Abajo algo estaría por pasar y no pasaría y no dejaría
de pasar.
El zureo de una paloma mansa.

La puerta, que se cierra.
Los mocasines silenciosos del que se va.

La Fastuosa, *[tachado]*, *[tachado]*, la Más Allá.
(Alguien decía eso de su manera de caer. De su manera).
La imaginada en la cámara del padecimiento crepuscular. La Más Que Vista.
(Alguien decía eso de una película personal).
[tachado]. La que descalza se desliza por el inmenso dedal de Sí Misma.
La Mujer Enorme que vomita y, luego, vuelve a vomitar

(ese olor a tanta sangre, a más).

Abajo: la rodilla sobre el pavimento.
Ese temblor. La llanura como un duelo. Los nudillos rotos. Los escalpelos.

Todo para escribir *lo que escribo vela el cadáver del que no fui.*

¿Y por qué no caer? ¿Y por qué no caer con todo mi peso? ¿Por qué no caer rotundamente dentro del cuenco?

La Mujer Enorme entra en la habitación de La Mirada.
Tan nítida la luz.

El lamento.

XIV.
HAZAÑAS CONTRA LOS MUERTOS

Me pides mis notas. Do re mi fa. Do sol. Mi
pentagrama. Mi memoria.
Te arrepentirás, te dije.
Un árbol enfermo de pájaros. Un animal triste.

Pedir es lo peor.

No entendí por qué o de qué
te arrepentirás. Y, por eso, correré aún más aprisa
sin volver la vista, guiada

la mano invisible sobre mi pecho

(ese universo)
(una vez y otra, una y otra vez, una y otra más).

Allá afuera: *Great Deeds Against the Dead.* Allá adentro,
Goya.
Una copia en el tiempo. Una incesante réplica.
Un fingimiento.
Ah! Saña. Pedir (que es lo peor)
Dar.

XV.
LOS ORÍGENES DEL ARTE DRAMÁTICO

Dice Ismaíl Kadaré en su ensayo *Esquilo, el gran perdedor*, que las plañideras son "el primer proyecto del coro antiguo". A su cargo está el expresar por todos un dolor que no es propio. Plañir no significa lo mismo que llorar. El que plañe finge. El que plañe actúa. El que plañe pide las notas (do re mi fa do sol) porque pedir es lo peor. Obtener. *[ilegible]*.

XVI.
UN LIBRO PARA MÍ

El eco y la mano del eco: una respuesta que no.
El origen del eco. Una savia
esa manera de estar en paz: algo resuelto.

Todo en su lugar.

¿Y qué es un lugar y qué un hecho?

El helecho lo entristece. El lecho. Un hecho.

Escribo un libro para mí. En voz alta
leo lo que me escribe y me desnuda

(*desnudar es lo propio de la muerte*).

La frase corta la página en dos. La lengua. El cuerpo.
Te arrepentirás, dice. En voz alta
el libro que escribo para mí me lee

(interpretar es lo propio de la muerte)

Hay un ramillete de brazos y piernas. Sesos.

Todo sobre la mesa que es un ataúd que es una puerta.

Algo se abre por dentro. Mira.

Yo pude haberte dado una llave. Yo pude
entregarte la paz.

XVII.
EN TANTO NOS ATAÑE, LA MUERTE NOS CONVOCA (SOBRE UN TEXTO DE SANTIAGO KOVADLOFF)

El Difunto ha dejado de morir.

De-functus.

Lo dice la etimología:
aquel que está cumplido. Aquel
que ha dejado atrás la muerte. Ese sitio.

Ese sitio donde el difunto ya no está es el nuestro.

Es el sitio del poema. Éste.
Una mano que es un ataúd.
Mi ojo que arrojo a ti, vehemente.

La muerte es aquello que a él ya no le cabe. Aquello
que lo ha abandonado.

Más grande que.
Más adentro. Más lejos. Más aquí.

No solamente la vida, sino la vida
y la muerte
lo han abandonado.

Incluso yo he abandonado. Incluso
Tú.

De-functus.

Ver la herida y, luego, colocar la mano sobre la herida.
Sentir el pálpito. Sentir el pánico. Un ave que se va.
Conmoverse. Seguir cayendo. Interpelar y ser
interpelado. Preguntarse una y otra vez por qué,
por qué no. Amar.

El que está cumplido. Aquel que ya.

ADDENDA
DOS POEMAS DE BRUNO BIANCO

TU PRIMER SONETO

Si cuando estás desnudo y eres mío
tiembla mi corazón como una llama;
si tú también te quemas en la flama
del lujurioso lujo del estío;

si cuando siento que se inflama el río
de mi sangre en tu sangre y todo el drama
feliz de nuestros cuerpos se derrama
como un caso de vino en aire frío;

si cuando en la agonía deslumbrante
la perla se convierte en un diamante
y la angustia final lo hace pedazos,

es porque nunca, como en ese instante,
siento el amor que sale de mis brazos
y te estruja callado y centelleante.

El amor que destruye lo que inventa,
el viaje donde Ítaca se pierde,
los rostros que se olvidan en el sueño
y la fuga del sueño hacia el olvido:
todo a la sombra del puntual designio,
todo a la luz de una oscura coincidencia.

EL DISCO DE NEWTON. DIEZ ENSAYOS SOBRE EL COLOR (2011)*

* Los poemas de este libro se publicaron por primera vez en Bonobos Editores.

In *What is the Color of the Sacred?*, Michael Taussig recalls that "shamanic songs the world over often use archaic and bizarre terms". Then, he asks: "Could we dare think of color the same way? As that which is at odds with the normal, as that which strikes a bizarre note and makes the normal come alive and have transformative power?". Then, with afleeting smile perhaps, he adds: "(Just a thought)".

Los paréntesis, que suelen ocurrir en pares, nos preparan para las interrupciones, ya sean éstas fuertes o débiles, ofrecen alternativas extrañas, toman a los lectores por pequeñas desviaciones en el camino y, de manera por demás general, reemplazan guiños.

Wittgenstein alguna vez aseguró, de manera por demás famosa, que los colores nos invitan a filosofar.

Isaac Newton, el hombre que se percibía a sí mismo como "solo un niño jugando en la playa", entendía los arcoiris.

Do not know what I may appear to the world, but to myself I seem to have been only like a boy playing on the sea-shore, and diverting myself in now and then finding a smoother pebble or a prettier shell than ordinary.
Memoirs of the Life, Writings, and Discoveries of Sir Isaac Newton (1855) by Sir David Brewster (Volume II. Ch. 27)

También los entendía Cildo Mireles, incidentalmente.

Dorothy, la niña de los zaptos rojos, los conocía también, por cierto.

I.
DESPEJAR

No es extraño que la libertad sea a veces una gran pared blanca.

El blanco, como se sabe, no es la ausencia de color.

A través del disco de Newton, un viejo ejercicio escolar, los niños aprenden que el blanco resulta de la rápida combinación de todos los colores.

The woman brought two glasses of beer and two felt pads. She put the felt pads and the beer glass on the table and looked at the man and the girl. The girl was looking off at the line of hills. They were white in the sun and the country was brown and dry.
'They look like white elephants', she said.
'I've never seen one', the man drank his beer.
'No, you wouldn't have.'
Todo eso en un famoso texto del escritor norteamericano Ernest Hemingway.

La aparente calidad de vacío del color blanco invita, por sí mismo, a soñar.

Las almohadas adoptan poco a poco la forma de una cabeza apocalíptica.

La niebla, a veces. La nube, que cae. El velo.

Es cierto que en el sueño todo ocurre por primera vez.

Alrededor del iris un paisaje invernal y, dentro del paisaje, un animal antediluviano y, sobre el paisaje, un falcón de plumas blanquísimas.

Prefiero, entre muchas, la palabra *súbita*.

La leve sonrisa en los labios es un signo de placer muy íntimo.

En el 2002, alguien publicó el artículo: From Yellow to Red to Black: Tantric Reading of "Blanco" by Octavio Paz, en el *Bulletin of Latin American Research*, 21:4, 527-44.

La discreción suele ser una virtud.
En lo personal, me tienen sin cuidado las virtudes.

Frente al gran muro vacío, el cual es de color blanco, resulta fácil preguntarse: ¿Es cierto que si corro el velo desaparece el rostro? ¿Es ésta la tela del invierno más largo? ¿Cómo cae sobre tu espalda la mano del amanecer?

El futuro es un trazo.
El futuro me mira con sus ojos alucinados.
El futuro sabe escuchar jazz.

De repente, de la nada, la palabra *cañaveral*.
"Blanco" es uno de los títulos de *Trois Couleurs*, la triología de Krzyzstof Kieślowki, de la cual prefiero en realidad "Azul".

En el momento del despertar, el mundo es justo como esa gran pared despejada.

Empequeñecida por el tamaño del muro, pronuncio en voz baja las palabras: la vida empieza aquí.

Nunca he entendido lo que es un adverbio de lugar.

Tengo la impresión de que el disco de Newton es un breve estado de gracia.

Todos los colores están, en efecto, aquí.

II.
CONJURAR

Había algo de humano en todo aquello.

Alguien caminaba o se arrastraba entre la maleza y se detenía, de cuando en cuando, para tomar aire.

Con el tiempo se sabría que la persona que caminaba o se arrastraba era un hombre.

Es del todo posible que la primera imagen haya sido el sueño de un pájaro.

La maleza es una acumulación despavorida de plantas carnívoras y de espinas y de violentas humedades celestes y de frondas.

Los pintores recomiendan el uso de los cadmios y el siena natural para los verdes más intensos, y las combinaciones de cobalto con cadmio oscuro, siena tostado o naranja cálido para conseguir otras tonalidades de verde.

Despertar es como ver entre la maleza un claro donde yace una mujer con los ojos cerrados.

En el poema "La bella durmiente", José Carlos Becerra escribe: "Y nos reímos un poco torpes, un poco avergonzados de nuestra *creación*, como los niños que habíamos matado, aquellos dos por donde pasamos para llegar hasta esta mirada hermosa y vacilante de ahora".

En el centro de todo está, desde luego, el asesinato.

La muerte no es nunca una vacilación.

Vi por primera vez las cuatro pinturas de la serie Briar Rose de Sir Edward Burne-Jones en un pequeño museo del Caribe, un día de mucho sol.

¿Cuántos sueños caben en un sueño de cien años?

Los niños, se entiende, suelen ser asesinados por los adultos.

"Juntos los dos, a punto de tomar el misterio,/ a punto de que la desnudez nos invadiera con toda la fuerza de sus extensiones,/ a punto de que la princesa dormida por siglos abriera los ojos,/ a punto de que el joven viajero encontrara la entrada al castillo encantado,/ a punto de que hubiera una posibilidad de existencia para ese castillo,/ a punto de darle vida al maleficio, y por esta medida conjurarlo,/ a punto de que hubiera una capa, una espada y una posibilidad de principado… a punto solamente, a punto de algo".

Y cuando miras hacia atrás y ves sus cuerpos destrozados, cuidadosa, quirúrgicamente desmembrados, ¿sientes algo?

La mano de un niño, trémula.

La Caja Verde de Duchamp representa todavía un enigma para mí.

Despertar constituye uno de los momentos más difíciles del día.

La culpa es, a veces, una emoción.

Para conseguir un verde muy brillante, los pintores sugieren utilizar el viridián.

Las pinturas de gran formato nos hacen creer a momentos que podemos introducirnos en ellas sin dificultad alguna.

En el bosque de Briar, frente a los cinco soldados dormidos, pensé: "En mi voluntad arde un pájaro oscuro,/ las palabras de pronto han adquirido el peso de los hechos desconocidos,/ han tomado el aire verduzco de las estatuas".

Briar Rose es la versión de *La Bella Durmiente* escrita por los hermanos Grimm.

Siempre hay algo mórbido en el acto de soñar.

¿Sabe el niño que va a desfallecer bajo el finísimo filo de una espada furiosa?

No sé qué es lo que sabe la niña.

Se exagera cuando se describe un patio doméstico como "una maleza".

Pero, repito, cuando miras hacia atrás y te es posible ver sus rostros todavía ardientes y sus menudos cuerpos diseminados con geométrico rigor sobre la tierra húmeda y verde, ¿sientes algo?

Al pronunciar las palabras maleza y maleficio el hablante puede tener la impresión de estar diciendo lo mismo.

Sentir es un verde demasiado amplio.

En el Jardín de la Corte, frente a las seis mujeres dormidas sobre antebrazos y mesas, lánguidas todas ellas, pacíficas, pensé: "tal vez no sepamos con exactitud si fuimos palpados por una vida que no acertamos a conocer".

Pocas cosas son más terribles que ser testigo de la muerte de los niños.

Palpar. Pálpito. Púlpito. Pupilo.

Y en la Cámara del Consejo, ahí, frente al rey de hombros inclinados, avanzando entre espinas y telas inmóviles, dije: Yo tampoco sé ya quiénes somos, José Carlos.

La única cosa más terrible que ser testigo de la muerte de los niños es caminar muy lentamente por entre sus huesos livianos.

Con frecuencia mirar al cielo no tiene caso.

Es del todo posible que la imagen de un hombre y una mujer que caminan a paso lento sobre una súbita acumulación de huesos livianos sea también la alucinación de un pájaro.

¿Sientes algo?

Y cuando llega el sueño, antes de cerrar los ojos pero justo cuando la voluntad cede.

Suele haber, en los sueños de cien años, algo humano y maléfico, algo de un verde con mucho cobalto, algo de un rojo todavía roto y espeso.

III.
MERCURIAR

Caminaré bajo la lluvia, me dije.

Fue Ramón López Velarde quien alguna vez festejó *esa costumbre heroicamente insana de hablar solo* mientras describía, al mismo tiempo, el contradictorio prestigio de su prima Águeda.

El mercurio, que en condiciones normales tiene un color blanco y un brillo plateado, es un metal poco abundante en la corteza terrestre.

Cabe la posibilidad de que la persona que camina bajo la lluvia tenga frío y piense, mientras se aproxima, en una historia de la infancia.

Por alguna razón desconocida aparece en la página la palabra *radiante*.

Un niño, o una niña, podría saltar por horas enteras sobre los charcos que se forman en las banquetas.

Resbalar, que es siempre una posibilidad.

Hay gotas de agua que penden de la punta de una hoja que a su vez pende de una rama que a su vez.

A veces es posible capturar momentáneamente el reflejo que produce la luz sobre una superficie mojada.

Para caminar bajo la lluvia es necesario primero abrir una puerta.

La niña piensa en las palabras "soy libre" mientras extiende los brazos
y eleva el rostro hacia el cielo y despega los labios.

Hubo, alguna vez, una colina húmeda.
Hubo, alguna vez, una ciudad mercurial.

Una mujer lo observa todo detrás de un parabrisas: la atroz algarabía
de los niños que han dejado la escuela para correr sobre las banquetas
de un día nublado.

¿Alcanzas a oír las campanadas de la iglesia?

Hay algo sumamente melancólico en las viejas fotografías en blanco
y negro donde lo que cuenta es, por cierto, el color gris.

La llovizna es una de las formas más dúctiles de la felicidad.

Que alguien diga ya: el amor es sin duda un fenómeno atmosférico.

Resulta demasiado fácil perder un paraguas.

Nadie se detendría a observar la súbita formación de los
cumulonimbos, las nubes que anuncian tormentas, en el cielo
del atardecer.

Casi todas las tragedias son accidentales.

En *El Diluvio*, uno de los grabados que Gustavo Doré incluyera en
su edición ilustrada de la Biblia de 1866, un tigre y unos cuantos
humanos intentan poner a salvo a sus críos al colocarlos sobre una
roca gigantesca.

Muerte por agua es el título de una novela de Julieta Campos.

"Existe una sensación de lloro y una quemazón en el pecho a medida que el agua desciende por las vías aéreas, luego viene esa especie de caída en una sensación de calma y tranquilidad", comenta Mike Tipton, fisiólogo y experto en supervivencia en el mar de la Universidad de Portsmouth en el Reino Unido.

Los ahogados suelen ocasionar una pena infinita.

En esta caja de mercurio que pongo en tus manos hay relámpagos y granizo y escarcha y truenos y dientes anodinos.

En la *Disertación Médico-Práctica, en que se trata de las muertes aparentes de los recién nacidos, anegados, ahogados por el lazo, sofocados por el carbón, y del vino, pasmados del frío, tocados del rayo, etc., y de los medios para revocarles la vida*, escrita por el doctor en medicina Jose Ignacio Sanponts, socio de la Academia Médico-Práctica establecida en Barcelona y publicada en 1777, se sugiere que el beso, o algo que desde la distancia da la apariencia de ser beso, puede resucitar a los ahogados.

¿Sueñan algo los cadáveres detrás de las cortinas de agua?

Uno siempre se pregunta después si todo podría haber sido distinto.

El ruido que producen las gotas de la lluvia al chocar contra las ventanas es, a veces, una forma de arrullo.

Y Wendy creció y buscó refugio detrás de un Gran Vidrio.

Es difícil saber dónde o cuándo se origina el gusto por palabras como *overcast*.

Les Merveilleux Nuages es el título de una novela de Françoise Sagan, cuyo verdadero nombre era Françoise Quoirez.

El clima es todavía un fenómeno incontrolable.

IV.
ADORAR

A veces es necesario confesar algo.

En ciertas iglesias antiguas los santos observan con una tristeza infinita a los peregrinos que, exhaustos, alzan la vista hacia los nichos dorados.

Yo peregrino, tú vagabundeas, él anda, nosotros nos extraviamos, ellos merodean, ustedes viajan.

Nosotros nos extraviamos.

El olor a sudor y a rabia contenida y a muchos años juntos y a fracaso y a mugre bajo las uñas y a pequeñas piernas entumecidas.

Los rostros se desfiguran detrás de las ventanillas de los trenes o los autobuses.

El odio es, a veces, un invernadero.

En los momentos más solemnes, por ejemplo cuando una persona se arrodilla, suele aparecer en el aire la mosca del presente.

El sonido de los tacones sobre el mosaico bien podría ser el de un telégrafo exaltado.

En efecto, la mujer huye, despavorida.

Habría sido hermoso aspirar el aroma de los nardos sin la presión en el pecho o sin preguntarse acerca de la diferencia entre confesión y autobiografía.

El dolor puede ser a veces un trauma semántico.

Yo te execro, tú me repruebas, ella te engaña, nosotros maldecimos, ellos se enemistan, ustedes nos abominan.

Es posible que exista un síndrome de encono detrás de las conducta violenta de los psicópatas y los amantes.

Estoy segura de haber dicho ya que nos extraviamos.

Peregrinar es un término que viene del latín *peregrinare* que significa andar en tierras extrañas.

Yo te daño, tú me envenenas, él nos infecta, nosotros nos perjudicamos, ellos nos corrompen, ustedes se drogan.

Habrá que repetir que fuimos nosotros los que nos extraviamos.

Las peregrinaciones, como las historias, pueden llevarse a cabo por mera cuestión de fe o como método para expiar algún pecado.

Yo te horrorizo, tú me condenas, él se resiente, nosotros nos vengamos, ellos nos desdeñan, ustedes nos repugnan.

Enunciar en serie ordenada las distintas formas de un mismo verbo, las cuales denotan sus diferentes modos, tiempos, números y personas, es una de las definiciones del vocablo *conjugar*.

El olor a copal suele ser asfixiante aún dentro de los espacios en apariencia infinitos de las grandes catedrales íntimas.

Es cierto que la mujer huye despavorida.

Los tonos como el dorado no resultan de las combinaciones de colores primarios, sino que son reflejos de estructuras metálicas cristalinas, por eso todas las pinturas de esos colores se hacen exclusivamente a base de polvos metálicos.

A quienes perdonen sus pecados, serán perdonados, y a quienes se los retengan, les serán retenidos

Yo sollozo, tú gimoteas, él se aflige, nosotros chillamos, ellos lloran, ustedes se conduelen.

Hay un momento en el día en que la luz se hace pequeña y uno se detiene sobre un montículo de piedra y entiende, sin lugar a dudas, que nada.

Alguien se inclina bajo el peso nocturno de los insectos alados. Alguien apaga la luz.

Postrarse es una forma de caer.

¡Qué alguien recuerde el agua fría del manantial donde se congregan los lisiados!

Es posible que recordar sea, sobre todo, un vaivén.

¿Serás tú quien mencione el olor a resina de los bosques cercanos?

Justo ahora una saeta de oro muy viejo, rauda, aquí.

Lo propio del tiempo es pasar.

En *Elogio de la Sombra*, el autor japonés Junichiro Tanizaki argumenta que la laca dorada no debe ser vista en plena luz sino en la oscuridad, porque es ahí que mejor recoge el tenue reflejo de las velas y las lámparas, otorgándole así una textura única a la noche.

Yo recuerdo, tú haces memoria, nosotros repasamos, ellos miran hacia atrás.

Nadie es feliz, se sabe.

Si los peregrinos levitaran no habría necesidad alguna de remendar sus zapatos.

V.
AVIZORAR

Apenas una silueta en algo que da la apariencia de ser un horizonte.

La miopía, del griego *myops* formado por *myein* (entrecerrar los ojos) y *ops* (ojo), es el estado refractivo del ojo en el que el punto focal se forma anterior a la retina.

El pasado siempre está a punto de ocurrir, eso se sabe.

Existe un punto en el tiempo y un punto en el espacio, sin embargo, en que algo ocurre.

Estabas en la orilla de una mesa rectangular la primera vez en que te vi, oblicuamente.

Hay un papalote, que vuela.

Alguien habría hecho una invocación dentro de este cuarto lleno de luz.

Uno a uno, los catorce írises han florecido bajo la bóveda celeste.

Morado es un color y es también la descripción de un sitio que ha sido habitado por un ala magnífica y es el participio del ojo que, desde lejos, me mira.

Acaba de sobrevolar, una vez más, el colibrí. Iridiscente.

En una esquina, muchos años después, este mismo roce del viento sobre la cara; este mismo atardecer lleno de oxígeno; este mismo aquí.

Ligeramente ruborizada.

Sí, Louis; sí, Ella, hay un lugar que se llama *el cielo*.

Hay encuestas que indican que el morado es el color preferido del 75% de los niños antes de la adolescencia, pues representa la magia y el misterio.

Y de repente, como si fuera natural, el carmesí.

The Color Purple, alguien lo acaba de recordar, es el título de un libro de Toni Morrison.

Y a la vera del camino, las moras. El arbusto. La mano que.

Heráldicos, los dos labios.

En el modelo de color RGB utilizado por *Flags of the World* se define el morado heráldico como RGB 140-0-752.

En esta caja de terciopelo guardo tu mano derecha y tu ligerísima voz apresurada y la inclinación perfecta del cuello y la pestaña esa que, al caer entre los dactilares de un adolescente, enunció un deseo.

La caja de terciopelo está sobre mi nochero.

Hay una cortina de algodón egipcio que se mueve al compás del aire matutino: mejilla con mejilla.

Hubo, alguna vez, un pequeño vaso lleno de oporto sobre una mesa de madera.

El Índigo es el fondo de este océano donde se asienta la mesa sobre cuya superficie de madera un hombre y una mujer colocan el delicado juego de tazas donde toman té.

Polvo serán, mas polvo enamorado, dicen que dijo Quevedo.

Los vasos de oporto tal vez fueron dos.

La lluvia también puede ser púrpura, a veces.

Detrás de esta cortina de agua los dos labios magníficos y la voz, estupefacta.

Mi té favorito tiene el sabor de los frutos morados que crecen en el bosque donde yace, a punto ya de despertar, la ex-durmiente.

Ah, la cereza. La zarzamora. La ciruela. Sangre de mi sangre. Vena espléndida.

El último iris ahora.

A punto de ocurrir, se sabe.

Florecer es algo que tú avizoras.

VI.
VAPULEAR

La manera en que se forma la ola, como de la nada, y cómo se rompe. Tenue aguamarina.

¿Por qué alguien se introduce repentinamente en un mar de tersas aguas frías una tarde de mucho sol? No tengo respuesta para eso.

La idea del experimento como juego, argumenta Mathias Viegener, evita tanto la necesidad de percibir a lo experimental como opuesto al realismo narrativo, así como de forzarlo a que dé resultados políticos o incluso que produzca objetos particularmente inteligibles para que participen en alguna forma de "contrato" con el lector.

Desde otra perspectiva sólo se trataba de tres personas a medio vestir o medio desvestir que, muy adentro del océano, gritaban y reían. Los brazos hacia el cielo; las bocas llenas de sal.

Pero la luz.

La primera tentación es, ciertamente, narrativa.

Entrar en la boca del Pacífico, horizontal. Los miembros tan extendidos como una cierta forma testaruda de. Introducirse como quien avizora y cree en el destino y en la santa mano del azar. Nadar ahí como quien recuerda de súbito que solía.

En las dos perspectivas debe existir el pelícano que, a toda velocidad, cae en línea recta sobre la marea. Visión monumental.

La aguamarina es la variedad de color azul verdoso pálido del berilo.

Pronto se sabrá que el pelícano y la marea y la velocidad forman una trinidad santísima.

¿Y cómo no pensar en la infancia, en los veranos interminables de la infancia, cuando los cuerpos en ebullición, tan delgados y sólidos como astas, se deslizaban sin temor bajo las aguas en busca de algo desconocido o algo nuevo o, cuando menos, todo aquello que todavía no se sabía que hacía falta?

Qué alguien diga: ¡Pero la espuma: ligera, burbujeante, blanquísima!

En el experimento todo es potencial, por eso no se miden los resultados sino el proceso.

Alguien pudo haber pensado también que se trataba de tres personas desquiciadas mientras que otro pudo haberlas descrito como absolutamente metafísicas.

Pocas veces bajo las olas, así, resquebrajándose. A punto de existir y a punto de no existir como la fe.

Mi vida con la ola es el título de un cuento surrealista de Octavio Paz.

El tono azulado de la aguamarina se debe a la presencia de $Fe^{2}+$; mientras que el verdoso se debe a las inclusiones de $Fe^{3}+$

Es bueno estar en la tierra, alguien habría dicho eso mientras los pies se hundían en la arena y el sargazo se abrazaba a los tobillos como a una última oportunidad.

Pero el nimbo de cosa sagrada o de umbral.

Es difícil concebir que el agua, al inicio tan helada, pueda tornarse con tanta facilidad o rapidez en una cálida mano que protege contra el pasado y contra el futuro y contra todo lo que está.

Siempre me he preguntado cómo pasan los días, en realidad, los que viven dentro de la cavidad torácica de una ballena.

El sargazo es un género de macroalgas planctónicas de la clase Phaeophyceae (algas pardas) en el orden Fucales. Las algas, que pueden crecer en largo varios metros, son pardas o verde negruzcas y diferenciadas en rizoides, estipes y lámina. Algunas especies tienen vesículas llenas de gas para mantenerse a flote y promover la fotosíntesis.
Muchas tienen texturas duras, que entrelazadas entre sí y con robustos
pero flexibles cuerpos, le ayudan a sobrevivir a corrientes fuertes.

The Waves es el título de una de las novelas de Virginia Woolf.
Leí *The Waves* por primera vez bajo la fronda un árbol al que calificaría sin problema alguno de feliz.
The Waves ha sido desde entonces uno de mis libros de cabecera.
No cabe duda, lo propio de las olas es vapulear.

These are beautiful shores, dijo Lisa Robertson refiriéndose, sin duda,
a otras playas o a otras orillas en uno de los poemas que compone su libro *The Men*.

Pero las gotas iridiscentes sobre la piel. Elegantes joyas pequeñísimas.

El Pacífico es un océano y es un hombre que se extiende *orgánicamente* a lo largo del litoral.

Los yacimientos de aguamarina son muy numerosos. Se pueden encontrar aguamarinas en Italia, Sri Lanka, India y Estados Unidos. También en bastantes países africanos, como Zambia, Nigeria, Madagascar, Kenia, Tanzania y Malawi. Las minas más importantes son las de Brasil: Minas Gerais, Bahía y Espirito Santo. Sin embargo, los ejemplares más cotizados provienen de los Montes Urales, en Rusia.

En efecto, Pacífico es también el nombre de una cerveza producida en el norte de México.

Pero este tenue sabor a sal.

Es sólo un momento saturado de lo que los modernos llamaban totalidad queriendo decir luz de octubre.

El aguamarina refuerza el campo magnético y trae buena suerte. Aporta felicidad y bienestar. Se dice que provoca la sonrisa y la alegría de las personas que la llevan. Fortalece el sistema nervioso central, el hígado y los riñones. Cura las impurezas de la piel y es indicado para los dolores de la nuca, mandíbulas y dientes, así como las afecciones de la garganta. Abre los chakras del entrecejo, del plexo solar y del bazo.

Desciende de algún lado, entonces, la palabra *inefable*.

El vaivén recurrente inacabable inconmovible de las olas me recuerda el concepto de repetición en Gertrude Stein.

Justo como la primera, la última tentación también es narrativa.

En contra de Aristóteles, para quien ser feliz era una forma de autorrealización humana, una postura conocida como eudemonismo,

Epicuro creía en el hedonismo, a saber, la convicción de que la felicidad es una forma de experimentar el placer intelectual y físico.

Pero el eco del grito que escapa de la garganta.

Tengo la impresión de que el presente del indicativo es sólo una variante de la ola original.

En el juego se asume, no se comprueba.

Y tú estabas en medio de todo eso, tocando.

VII.
DESPARPAJAR

Hay un jardín y, en el jardín, hay un nogal de amplias ramas oscuras cuyos frutos caen entre las hojas erectas del pasto. Alrededor de los frutos inmóviles sobrevuelan los siete pájaros negros, parloteando.

Es imposible saber aún de quién serán los pasos que dejarán la huella de la que hablaré después.

Alguien que todavía no respira hablará o parloteará, sin duda, de todo esto.

El que observa con cuidado el radiante plumaje del cuervo terminará llevándose la mano hacia la cuenca de los ojos, acaso sin querer.

En el juego se asume, no se comprueba.

El descubrimiento de la verdad obligó a Edipo, el de los pies hinchados, a olvidarse de la luz.

No todas las tragedias son griegas, eso se sabe.

Desde 1971 hay una capilla dentro de la cual cuelgan 14 lienzos negros de Mark Rothko.

Tuve un sueño ahí: a la vera del camino, rodeada de una vegetación suntuosa, me esperaba meditabunda una gran ave negra.

Me tomó tiempo darme cuenta de que no era un sueño. Enfrente de mí y a la vera del camino y rodeada de una vegetación suntuosa me esperaba, en efecto, una gran ave negra que daba la apariencia de estar meditando algo sagrado o enorme o letal.

En un momento dado y como obedeciendo a una señal divina, los siete cuervos del jardín emprendieron el vuelo y desaparecieron dentro del cielo gris.

En el interior del verbo desparpajar hay, en realidad, un pájaro muy inquieto.

Entre las tribus Masái el negro se asocia con las nubes de lluvia, símbolo de la vida y prosperidad futura.

Es común que la gente recuerde sueños en los momentos menos pensados.

Observar verdaderamente un jardín requiere de mucho esfuerzo.

El término *agujero negro* se aplica en astronomía al resultado del colapso gravitacional de una estrella. Según las hipótesis científicas, un agujero negro impide totalmente el escape de materia o energía, extremo de lo que sucede con una superficie negra sobre la que incide energía lumínica.

Nunca he entendido el parloteo de las aves o, en general, su comportamiento sobre los cables del teléfono.

Pensar menos es algo que puede ocurrir, en efecto, en cualquier momento.

Quien desparpaja destroza y malgasta, pero también se despabila y se sacude ese sueño muy negro.

Un jardín bien pudiera ser un cuerpo que se extiende a la vera del camino: lujoso, trémulo, equidistante.

Y el cuerpo bien podría ser la huella que produce el jardín sobre la textura del tiempo.

Son varios los expertos que señalan que para diseñar un jardín hay que sentarse a meditar. Lo mismo pudo haber sido dicho por Rothko en 1964 cuando inició su trabajo con grandes lienzos negros.

El queísmo es una enfermedad pasajera, aunque no ineludible, del lenguaje.

Me pregunto si al decir: "si vale la pena hacer una cosa una vez, entonces vale la pena hacerla una y otra vez, explorándola, probándola, demandando mediante su repetición que el público la contemple", Rothko alguna vez pensó, aunque fuera por equivocación, aunque sólo fuera desparpajadamente, en el amor.

Sé ya que alguien narrará lo que ocurre hoy aquí. Aunque no sé por qué la primera tentación es siempre narrativa.

Tengo la sospecha de que no hay uno sino dos pájaros inquietos en el interior del verbo desparpajar.

Es común que la aproximación al mundo se haga a través de hipótesis.

En el juego se asume, no se comprueba.

La frase "Todo lo que bajo el cielo hay" me hace pensar en los negros pájaros del lenguaje que vuelan desaparpajadamente sobre el jardín del nogal.

El ave a la vera del camino pronunció de esa manera la palabra "sí".

Rothko, para entonces, ya se había ido.

VIII.
FOSFORECER

Una rocola es una colección ordenada de círculos fosforescentes.

La música suele transportar al espectador hacia el pasado.

La melancolía es una emoción sobrevalorada que suele vestirse
de negro y usar tacones muy altos.

La melancolía, a veces, se embriaga.

El fósforo, que viene del latín *phosôphrus*, y éste del griego
φωσφόϱος, portador de luz, fue descubierto en 1669 por el alquimista
alemán Hennig Brand al destilar una mezcla de orina y arena
mientras buscaba la piedra filosofal.

Repentinamente. De la nada.

Hay tres muchachos alrededor de una mesa de madera junto a una
rocola que produce sonidos verticales y horizontales.

Conversar es lo propio de la boca y la lengua y los labios cuando.

Conversar también suele ser una cuestión de dientes.

Es difícil describir la luz que emiten 13 focos de 60 watts.

¿Es un ojo o un suspiro lo que pone a funcionar el mecanismo
aletargado del contacto?

Algunas veces es necesario beber tres margaritas con popotes muy largos.

Fosforescer quiere decir manifestar luminiscencia y no tiene nada que ver con el verbo ruborizar.

Cuando está bien preparada, la margarita ofrece sus delicados pétalos amarillos al dactilar y se deshoja valerosamente.

Hay noches en que la ciudad se transforma en una máquina que produce pelícanos muy jóvenes.

A las sustancias que brillan en la oscuridad sin arder se les llama fosforescentes.

Ojalá que los ojos, que el muslo, que la mano.

Entrecortar es lo que el deseo le hace a la respiración.

El lenguaje se distrae a momentos.

Rozar es lo propio del verídico dactilar o de la mirada más menguante o de la pestaña, cuando cae.

El fósforo, que es un elemento químico de número 15 y símbolo P, puede encontrarse en pequeñas cantidades en el semen.

Alguien murmura: ¡Ojalá que los ojos, que el muslo, que la mano!

Como son artefactos tecnológicos, las rocolas suelen ser incansables.

Las meseras usan con frecuencia faldas muy cortas.

Los cuerpos que atraviesan una puerta abatible adquieren un peso sagrado y una resonancia casi mesopotámica.

Hay madrugadas en que la máquina que produce pelícanos muy jóvenes se transforma en una calle que genera preciosos charcos de fósforo.

Los zapatos de cuero resisten con presteza las andanzas nocturnas y los aguaceros y lo propio del tiempo que es pasar.

Lo extraño que es pronunciar por primera vez la palabra estrella o la palabra incesto.

No cabe duda de que la banqueta goza de una acelerada vida espectacular.

Se me escapa en este momento el nombre de esa ciudad que se me escapa.

En los retratos de su juventud más temprana, Isaac Newton tenía un mentón sensual y dos labios tremendamente gravitacionales. Repito: en los retratos de su juventud más temprana.

Habría sido hermoso continuar.

En los periódicos del 3010 se debatirá si siglos atrás existió en efecto esa mujer que solía masticar pétalos de manera literal.

La memoria se compone de círculos que manifiestan una cierta extraña lumniscencia calórica.

Tal vez el mundo se encuentra doblado en dos.

IX.
REENCARNAR

Se había visto a sí misma a su lado al pasar frente a los espejos del recibidor: una pareja triste.

Los espejos de los recibidores son con frecuencia espejos biselados.

La aflicción estaba y no en las prendas de vestir: un vestido azul cielo de corte recto sobre el cuerpo de ella y un traje de un gris muy claro sobre el cuerpo de él.

La aflicción se oía en el repiqueteo del tacón sobre el piso de mármol.

La aflicción es una cuestión de exceso de orden.

¿Es la aflicción lo mismo que el desconsuelo?

Seguramente ella se habría preguntado eso antes.

No sé qué pudo haberse preguntado él.

Si en lugar de haber llegado a una fiesta se hubieran quedado a solas en su casa sin duda alguna habrían llorado.

Sin duda alguna: esa frase me espanta.

Cabe la posibilidad de que el hombre y la mujer habrían guardado silencio en habitaciones distintas de la misma casa.

Las casas grandes se acomodan a la soledad de sus habitantes.

Una oración completa es como una habitación donde una mujer o un hombre lloran sin notarlo.

El cielo no había estado nunca tan azul.

La tristeza con frecuencia se expresa a través del llanto.

Es también común que la tristeza resulte inexpresable.

¿Es lo mismo la tristeza que la aflicción?

El hombre no habría podido creer que ella repitiera las palabras de una adivinadora.

La mujer le había explicado ya la diferencia entre una adivinanza y una reencarnación.

Hay algo que va a ser dicho.

El hombre habría preferido que ella fuera sonámbula.

Si ella hubiera sido sonámbula, él habría podido salvarla del precipicio.

Las sonámbulas suelen vestir largos vestidos de un tenue casi transparente azul.

Tú hablas dormido, le había asegurado con algo de rabia.

Afligir es un verbo que viene del latín *affligere*.

Afligir hace referencia tanto al sufrimiento físico como a la pesadumbre moral.

Quiero que me cambien mis percepciones, había pedido.

Los que detentan el poder utilizan gran parte de su tiempo en vigilar que el hombre o la mujer sea reproducido convenientemente.

Alguien había puesto a funcionar un viejo aparato de música cerca de ahí.

El hombre no podría creer que la mujer le asegurara que la reencarnación es un camino de regreso.

El hombre no podría creer que su tristeza, que su aflicción, ese sufrimiento físico y esa pesadumbre moral, se transmitiera a través de las palabras que pronunciaba al estar dormido.

Nadie tiene idea de quién fue el primer hombre afligido de la tierra, eso es cierto.

Estupefacto puede ser un adjetivo o un sustantivo.

Mientras platicaban alrededor de la pequeña mesa redonda del jardín de atrás, un ventanal se había partido en dos.

El ruido del cristal cuando se rompe.

Tuvimos un hijo y, a los dos años, murió.

El espectador viene a ver cómo se gasta el actor.

Una pareja pasa apresurada enfrente de los espejos biselados de un recibidor.

El blanco es, a veces, un breve estado de gracia.

Si tuviera que precisar, diría que todo esto ocurre en 1947.

Un espectáculo es una duración.

Hay alguien que calla y alguien que habla mientras una música
peculiar entra por el ventanal roto que da a un amplio jardín.

Una mujer lleva a un niño en los brazos, contra su pecho,
dentro de un avión.

Excepto por la vigilancia en los aeropuertos, el avión es un rápido
medio de transporte.

En 1947 la vigilancia en los aeropuertos era menor.

El hombre no habría podido creer que la mujer hubiera llevado
a un niño muerto entre los brazos.

La aflicción es un gasto del cuerpo.

Lo que ha sido dicho resulta materialmente imborrable.

El lenguaje es así.

Ella habría insistido en que una adivinanza es distinta
a una reencarnación.

Las personas usualmente no lloran en sus casas sino
en un cementerio.

Algunos panteones se han transformado con el tiempo
en atracciones turísticas.

¡El actor es un muerto que habla, es un difunto el que se me parece!

La muerte es con frecuencia un error y es también algo inevitable.

Los sucesos imperdonables detienen el pasar del tiempo.

El crimen es un lugar al que hay que regresar.

El lenguaje es así.

Lo mismo puede ser dicho de la muerte accidental.

Ella le habría asegurado que no tuvo culpa alguna en el deceso del infante.

El comportamiento de las aves sobre los cables del teléfono.

El ruido del viento a través de las ramas del nogal. Este jardín.

Si ella hubiera sido una sonámbula, él habría podido empujarla hacia el precipicio.

Convertirse en un asesino o en una asesina es una tarea relativamente fácil.

Tú hablas dormido, había insistido con la misma rabia.

Prefiero la palabra *ira* a la palabra *rabia*.

En un momento dado, el hombre habría sido capaz de ver el cuerpo del niño entre los brazos de la mujer.

Algunas veces es necesario beber un buen cognac.

Ojalá dejen de considerar su cuerpo como si fuese un telégrafo inteligente.

Como está lleno de orificios, por el cuerpo pasan demasiadas cosas.

Las lágrimas no son un signo de algo más.

La aflicción, en todo caso, es muy parecida al desconsuelo.

La pareja que camina enfrente de los espejos biselados del recibidor tiene prisa por volver atrás.

¿Existió, alguna vez, un mundo sin pesar?

Hay una mujer en el proceso de abrir los brazos.

¡Que alguien profiera las palabras: te lo traje de regreso!

Los jardines cuidados con esmero dan la apariencia de estar cerrados.

X.
UNIR

Fue en la casa de su madre, en Lincolnshire, que Isaac Newton tuvo el tiempo y la disposición de ánimo para observar una manzana.

El pecado es acaso sólo una cuestión de gravedad.

Las letras de la palabra *Adán* son las mismas que componen la palabra *Nada*.

“The redness/ of red” escribió Rae Armantrout para referirse a algo que no entiendo pero que, sin embargo, percibo. “Lo rojizo/ del rojo”.

Es verdad que amanece.

La sangre suele ser un lugar común.

En la imaginación popular las palabras “y sin embargo se mueve” siguen siendo una referencia más o menos explícita a la tenacidad o testarudez de la mente científica.

El cuerpo es una forma de la mente y viceversa.

Suele producir algo de inquietud observar a un hombre que retoza bajo la fronda de un árbol o que se desliza como entre nubes cuando atraviesa las calles de una ciudad.

Hay ciudades que, en efecto, se prestan para caminar ya sea con o sin lluvia.

Alguien ha asegurado ya que es muy fácil perder un paraguas.

No sé cuál sea la probabilidad de perder, en cambio, una flecha dorada.

En sus retratos de juventud, Isaac Newton da la apariencia de haber sido un hombre hermoso a punto de morder una manzana.

Todos perdemos, eso se sabe.

¿Es posible que un cuerpo yazga orgánicamente sobre un litoral?

El ruido que resulta de la inserción de los dientes sobre la manzana siempre me ha parecido sensual. En cambio, el ruido que se produce cuando los dientes arrancan el pedazo de la fruta me hace vacilar.

Bilabial, la boca. El beso. El chasquido.

En el esquema RGB, el rojo junto con el verde y el azul son colores primarios de luz. Esto cambia en el esquema CMYK que está basado en pigmentos donde el rojo no es parte de los colores primarios sino el rojo magenta, que junto con el cian y el amarillo están más cerca de los colores primarios sustractivos auténticos que el ojo percibe, y se utilizan en la impresión de color moderna.

El menstruo, ah. Viscoso, real, inútil, el menstruo.

Combinación numérica; ranas palúdicas; palma arquitectónica; espesura escalofría.

La urgencia con la que cruzó la puerta y tomó el pincel y trató, inútilmente, de plasmar lo que veía detrás de los párpados.

Voy *gravitacionalmente* hacia ti.

¿Mencioné ya los pájaros carmesí, la luna vacía, la larga hilera de hormigas?

Son pocas las vocales que separan la palabra "monstruo" de la palabra "menstruo".

¿Consiste la meta en colorear el propio yo para así convertirlo en un personaje audiovisual?

Había, en algún lugar recóndito de sus huesos, un aroma contradictorio y una sustancia que no dejaba de manar.

Mis vestigios terrestres. La hipocresía de mis roperos. Mi magnético interior. ¡Ah!

Dentro de la cueva, el pálpito. A cada latido, la humedad. La sangre es un lugar común, lo escribí hace rato.

Las fúlgidas aves; los calosfríos ignotos; el letárgico licor; las fulmíneas paradojas; el radioso vértigo; la remordida ternura.

Aquí no vive un coleccionista de insectos.

Como si se tratara de alguien ligeramente atormentado: alguien con un cigarrillo en la boca; alguien con un pasado muy largo.

Todo era mentira, Isaac.

Vivimos en estado de peligro: lo desunido se une.

¿Piensas quemar mi casa también?, preguntó o dijo.

Había una duna y, sobre la duna, unos zapatos muy viejos. Alguien decía entonces: te quedarás.

VIRIDITAS
(2011)*

* Los poemas de este libro se publicaron por primera vez en Mantis Editores.

Si la tierra no tuviera humedad y viriditas,
se derrumbaría como las cenizas…

Hildegard von Bingen,
sermón en la catedral de Colonia

VIERNES, DICIEMBRE 24, 2010
9:04 AM

También podría ser un sistema de registro, un libro. Únicamente eso, o hasta eso. Uno no sabe si inició una mañana de marzo, cuando sólo se pensaba en un bosque mientras se veía una fotografía de un cielo muy gris, o un poco más tarde, un mediodía de abril, o si inició todavía después, una tarde de junio, cuando las palabras verde y Shanghái aparecieron juntas por primera vez. Uno sabe en realidad pocas cosas.

Pero un libro es un sistema de registro del paso de algunos pocos días: treinta, tal vez treinta y dos días de un verano muy largo. Se resaltan los elementos que han aparecido: un color, por ejemplo; un lugar mítico o fantasmagórico o muy vivo. Se elige una cláusula secreta: escribiré una frase y borraré dos y, entonces, escribiré otra frase. Borrar es tan importante como. Se empieza entonces o se continúa, que es algo más apegado a la verdad. Se continúa hasta que un día, el día menos pensado, en efecto, se detiene. Uno se detiene. Y, aunque se vuelva la vista atrás, uno no deja de detenerse.

Las fotografías que acompañaron cada una de estas que son entradas de unos cuantos días del verano del 2010 pueden ser vistas en www.cristinariveragarza.blogspot.com, justamente en las fechas indicadas en cada uno de los textos que aparecen en este libro.

Uno registra, entre otras cosas, para poner la experiencia en otro lugar. Eso es bueno.

VIERNES, MARZO 12, 2010
8:07 AM

Érase una vez. Había un bosque. Los caminos de tierra bajo las plantas de los pies. La soberanía reside en La Intemperie: eso es cierto. Nómada la mano, que se alza hasta la piel. El cielo suele ser un cuerpo o un manto. Las raíces, enormes. Los muslos, que avanzan. Las pantorrillas. ¡Ah, las pantorrillas! No tengo casa o, si tengo casa, la casa no tiene techo. Tomo todos los tordos. Los árboles se mueven de lugar. Vivía, ciertamente, dentro del nombre de ciertas matas. Orquídea. Helecho. Lavanda. Había agua. Érase que se era. Respirar es una costumbre inaudita. Te inhalo/Te exhalo. Las aves negras. Las aves marías. Las sabes. Carezco de religión o de estío. ¿Había, de verdad, un bosque? **Había un bosque, eso es definitivo.** Alguien parpadeaba bajo las sombras de las ramas carnívoras. Alguien besaba, labiodentalmente. La verdad es que quiero un reino. Alguien caminaba sobre el agua, aproximándose. Lentamente es un adverbio muy largo. Serpenteaban las raíces bajo las plantas de sus pies. Orquídea. Helecho. Lavanda. Los caminos de tierra: el placer de escribir eso: los caminos de tierra. Y luego la lluvia, que cae. Había una vez. O dos. Había un bosque. Desde ahí miraba todo lo que sería.

SÁBADO, ABRIL 17, 2010
12:49 AM

Agua contra agua: el tono y el timbre. Imposible describir la honda vacía añoranza en la voz de los pájaros. Esta infancia ocurrió en otro lugar. La luz, tan delgada como un hilo a través del ojo de la aguja estelar. Lyme Regis es un pueblo en una costa. El ulular del viento. El sabor a sal sobre los labios, en el cuello, justo en la punta de la nariz. **Existe un verde que sólo es posible percibir en sueños.** No hay eco sin pared, en efecto. Entonces la niña se volvió a verme: ¿todavía no recuerdas este momento?, preguntó. O dijo. Con el tiempo me hice experta en arroparme con una capa negra. Alguien cantaría en el otro extremo del mundo; alguien más elevaría la mano o la voz o la mirada. Que yo sepa Meryl Streep nunca fue pelirroja. Doblar las esquinas: el cuerpo que se va. Doblar las campanas: el cuerpo que no regresará. ¡Pero qué blanca luce la espuma en la cresta de las olas! Lo olvidaré, tuve que admitirlo. El acento sella la separación más larga. Al ras: dos palabras que sobrevuelan las aguas, el océano. ¿Qué?, volvió a preguntar. Atolondrado es un adjetivo espectacular. Nadie te abandonó, tuve que gritar cada palabra para que me oyera. El eco: la pared: el efecto. Entender es tan posible como malentender. Un cuerpo agazapado entre nube y nube. Una esquina. Las voces viajan distancias muy largas. La infancia que me ve. Este cielo.

SÁBADO, JUNIO 12, 2010
1:41 PM

Cosa de elevar el rostro y encontrarlo. Un verde así. Desde las banquetas de la noche, los cuatro pasos. Alrededor: las melodías, las voces, los cuerpos. Adentro: el sonido de otro mundo. La rocola es un castillo de cristal. **Como desde Shanghái, en el futuro.** Como si viera Shanghái en el 2017. Tal vez más tarde, incluso.

DOMINGO, JUNIO 13, 2010
11:11 AM

Cosa de asomarse al plato y encontrarlo. Un verde así. El primer contacto con los labios: una especie de abismo. Antepospretérito. La confusión de la saliva. El quehacer loco de las papilas. El proceso de digestión. *El amor es una mano suave que, lentamente, hace que el destino se aparte.* Ese caer. Ese lento callarse. La lluvia, dulcísima, alrededor. **El tono de las voces que vienen desde muy lejos.** Shanghái, en efecto. Shanghái en el 2015. Comer ahí, teñir.

[En itálicas, Henning Mankell, epígrafe de *Zapatos italianos*.]

LUNES, JUNIO 14, 2010
8:59 AM

Cosa de asomarse al estanque y encontrarlo. Un verde así. No les gustaba volar en sueños, eso les quedó claro. De eso hablaron incluso antes de salir de la habitación. En algún momento se sorprendieron haciendo el mismo gesto: los ojos hacia el techo. La búsqueda infructuosa de algo más. Estas son tus manos, y tiemblan. El ruido de los pasos y las voces y las copas alrededor. En los sueños habría ciudades sin nombre, cuerpos desnudos, cables de teléfono, historias sin principio ni fin. Estas son tus pestañas, abriéndose y cerrándose a la luz. Habría, en esos sueños, colores que nunca habían visto en ningún otro lugar. Sólo en Shanghái, quiero decir. Sólo en Shanghái, ca. 2018. Un viernes, a las tres de la tarde. **Algo a través del cielo cuando es agua.**

MIÉRCOLES, JUNIO 16, 2010
9:26 AM

Cosa de elevar la vista y encontrarlo. Un verde así. ¿Cuánto tiempo es mucho tiempo atrás? ¿A qué velocidad regresa el futuro de su mundo de cristal? Hay un techo y, en el techo, hay un mapa. Más allá del mapa, en el interior mismo del mapa, alguien mira hacia el techo. *The mystery of wood is not that it burns but that it floats.* El tiempo atrás. La carrera loca desde el futuro: los zapatos, la camisa, los aretes. La mirada de quien ve los objetos sobre el piso: ensimismada. Shanghái, ca. 2011. **La extraña impresión de que el pasado del verde fue siempre azul.** Todo esto.

[En itálicas, Anne Michaels, *Fugitive Pieces.*]

VIERNES, JUNIO 18, 2010
10:35 PM

Cosa de distraerse y encontrarlo. Un verde así. *Me apoyaré en esa palmera para esperar la noche. O la tarde. O lo que sea, fuera de aquí.* Alguien, en Shanghái, alguna vez habría dicho eso. Lo que sea. Lo que fuere fuera. Y habría tocado el tronco, la curvatura del tronco. Aquí. Su lenta delgada manera de inclinarse sobre la aurora. Oscilar es considerar ambos extremos sin ninguna posibilidad. Bambolear. **El de los amantes es un lenguaje secreto. Incluso para los amantes.** De haber estado ahí, de haber estado en Shanghái, habría respondido, sin duda: *No quiero saber qué se pregunta la palmera.* Adictos al cielo: eso somos aquí. Me apoyaré en la aurora. Los amantes no ven el mundo a través del punto de vista del otro. Los amantes registran los puntos ciegos del punto de vista del otro. El espacio del acecho. Un enigma. Atardeceres ante los que uno podría hacer una reverencia exagerada. Mientras tanto todos habrían sabido la verdad: *Una palmera me observa.* Tus ojos, ca. 2024. La sombra de un árbol de gran melena. La vida.

[En itálicas, del twitter de @altanoche.]

SÁBADO, JUNIO 20, 2010
7:14 AM

Cosa de mirar hacia abajo y encontrarlo. Un verde así. Caminar, a veces, es alejarse de una sombra. Un paso y, luego, otro paso. *Quería decir esto: esa clase de estado, sin saber si se vive o se recuerda aquel momento mismo que vivimos, sin impulso hacia nada, sin sentir que hay que abandonar algo o que algo es nuestro.* Quería decir, otra vez, Shanghái. Un mantra. La manera obvia de adormecer los sentidos y escapar. *Ni desatarse ni tener.* Adormecerse es una cuna muy rara. La punta de mi zapato. La punta de mi lengua. Caminar, a veces, es estudiar las superficies con las plantas de los pies. La punta de mi punta. ¿Existe, de verdad, otro planeta? Ca. 2065, dentro de otro color. **Un siempre inicia a cada momento**. Este latir. Alguna isleta.

[En itálicas, Pere Gimferrer, *Apariciones*.]

LUNES, JUNIO 21, 2010
7:43 AM

Cosa de mirar de reojo y encontrarlo. Un verde así. Huíamos de algo, parece. Andar a la carrera es una expresión que describe nuestro estado de ánimo. Corríamos. Érase que se era. A los jóvenes les agrada la velocidad. A los muy jóvenes les asustan los accidentes. Todo está a punto de romperse alguna vez. El fragmento no es, de manera alguna, una invención del siglo XX. Algo me sucede con los pequeños párrafos encadenados. Una llanta de caucho oscuro pasó por sobre todo esto. La destrucción es una forma de vida, a veces. **Pero en ocasiones nos detenemos**. Pausa universal. Y existe ese momento atroz en que imaginamos la carretera que se desenrolla apenas un paso adelante de nuestro paso. Somos las criaturas de los 8 cilindros y los 20 caballos. La fuerza se nos va. *Soy tuyo de ti. Nunca antes. Nunca así.* Huíamos del lugar común. Los autos son máquinas fosforescentes. Íbamos a manejar hasta allá, hasta Shanghái, ca. 2034. Cosa de creer en la palabra eternidad. El posesivo.

MIÉRCOLES, JUNIO 23, 2010
7:53 AM

Cosa de detenerse en medio del parque y encontrarlo. Un verde así. Trasplantar también significa: 3. tr. Trasladar de un lugar a otro una ciudad, una institución, etc. Shanghái o Copenhague, da lo mismo. El nombre es, en todo caso, Slovang. Una mujer de cabello blanco baraja las cartas y lee. Dice: tu tramposo está en el inconsciente. Afuera: Kastellet. Afuera: un viejo vestido de brocado con adornos de pirita y de esmeralda. **La joven que inclina la cerviz**. Si esto fuera el futuro sería, sin duda, Shanghái, ca. 2032. O habría sido el presente visto, incluso, desde aquí. Mi reino por tu hubiera. O hubiese. O habría. El árbol bajo el cual. La sombra con la que. Mi tamborilear de dedos. ¿De qué se apropia el que se apropia del estilo de otro? La lectora dice: lo que no permite leer el inconsciente es el consciente. Lucha de gigantes. La guerra es una cosa serenísima. Mi alteza. Ahora se dice intervenir, retomar, hacer suyo. En el inicio, todas las historias fueron las historias de tus hadas. Un verde vestido de brocado. La cerviz.

JUEVES, JUNIO 24, 2010
10:15 AM

Cosa de caminar sin rumbo y encontrarlo, un verde así. El estado de las cosas es una pura agitación. Un ligero devaneo. Las burbujas del exterior. Distraerse requiere una férrea disciplina. **Poner el ojo en otro lado, inventándolo**. Ir hacia donde no se iba, sin llegar. Perderse con todas las consecuencias. La ley es una raya en el agua. Ahí hubo alguna vez un estanque. O un manantial. Una mano es siempre una mano. Los deseos se piden de espaldas al mar. Bajo el agua, con el brillo de los siglos a cuestas, la moneda que se niega. ¡Qué hermosas las hileras de hormigas que van hasta Shanghái! Deslizarse es mejor que caminar. Algunos levitan, eso es cierto. Otros vuelan con ayuda de alas diminutas. Otros caen. Dar de tumbos puede considerarse una opción. Tropezar. Ca. 2078. Dar untraspié. Comer pan.

VIERNES, JUNIO 25, 2010
6:35 AM

Cosa de salir corriendo de madrugada y encontrarlo. Un verde así. Las voces son seres pequeñísimos. Dicen: abre la puerta. Dicen: aquí todos somos adictos al cielo. Dicen: nadie se salvará. Un anzuelo incrustado en la parte superior de la oreja. La palabra ruidazal. El pabellón es de un tul tan fino. Alguien se levanta y ve por la ventana y no puede más. Uno no puede correr por mucho tiempo. El más leve roce se vuelve escalpelo. El cuerpo, que se cierra. El bólido que cruza la frontera de lo que está. Lo volvería a hacer, lo sé. En una casa tapiada no entran ni moscas ni luciérnagas ni libélulas. La claustrofobia empieza en la A. **Cualquier texto es una rendija**. La respiración se hace de verbos en plural. En un momento dado surge el cansancio. Las ganas de huir son más poderosas que. Comparar esto con lo otro es una trampa racional. Volver al ruedo. La mente se compone de diminutos fragmentos con filo. Hay sonidos. Dicen: ve. Dicen: no hay otra salida. Dicen: no vuelvas la vista atrás. La obediencia. Lo haría otra vez y, luego, otra. Shanghái es una pista de hielo. Ca. 2013. La mano que se extiende hacia la bóveda celeste borra, en cada oscilación, el mundo. Ir hacia.
Ver a través. Allá.

SÁBADO, JUNIO 26, 2010
8:11 AM

Cosa de forcejear un poco y encontrarlo. Un verde así. Habría sido hermoso, sin duda. A veces el mundo tiene esa pátina. Una ventana da hacia algo. Abrir es consecuencia de cerrar. Lo contrario a menudo quiere decir lo mismo. Tu codo. Tu bruma. Tu psicoanalítico intento por leer de manera literal todos los sueños. ¿Fue esto alguna vez Shanghái? Una posición bajo la nube de ácido, dentro de los libros del azar, a un lado de la boca, muda. Todo está lleno de paréntesis, en efecto. *I've been hit. I should act like it. I should act like I haven't been hit.* **Lo que habremos de recorrer para llegar de nueva cuenta al punto de partida**. Todo empieza en realidad dentro de un aeropuerto. El tiempo, que se va. El aire enrarecido de los aviones y de las recámaras. Llevarte en el bolsillo es cosa fácil. Decir: ca. 2011. Elevar la vista. Elevar el habla. Decir: decir Shanghái. Hubo cuerpos así. Habrá.

[En itálicas, Rodrigo Toscano, *De-liberating Freedoms in Transit I.*]

SÁBADO, JUNIO 27, 2010
5:22 AM

Cosa de regresar y encontrarlo. Un verde así. La casa es una cosa que pesa. ¡Hace tantos años que estuvimos en Shanghái! Las eras geológicas marcan de este modo a la tierra. Olvidé las llaves una vez más. Una puerta debería abrirse, pero a veces no. La mano sobre la perilla. El latir. La respiración. El umbral es un pasadizo secreto. El tiempo, que serpentea. Cada cabeza encuentra su dintel. Elegiría por sobre todas a la palabra trémula. La lectora de cartas aseguró que la serpiente es un curandero muy poderoso. Los dibujos no engañan. Había una serpiente deslizándose sobre el corazón. Imaginar la manzana es comer la manzana. Y qué hacer ante una puerta cerrada sino lanzar las manos hacia el cielo y reír a dos. Mira: es el tiempo que nos ve desde Shanghái, ca. 2016. Siente esto: siente una ciudad en paz. **A veces no queda de otra más que dibujar una ventana en la puerta**. Nada como una escalera para abatir la necedad del muro. Ven a tomar té. Cuando el agua hierve, río lleva. Lo que pasa es el tiempo. Las partes de la escalera incluyen: el escalón, la huella, la contrahuella, el voladizo, el descansillo. Una taza es sólo una taza. Faltaría, por una extraña razón, la barandilla o el pasamanos. Tus labios estuvieron. En efecto, algunas escaleras van al cielo. La puerta, que cede. Se necesitan muchos siglos para formar un estrato. Era azoica. Era precámbrica. Era cenozoica. Shanghái estuvo ahí.

LUNES, JUNIO 28, 2010
7:06 AM

Cosa de bajar a la playa y encontrarlo. Un verde así. A menudo salir del sueño cuesta trabajo. La belleza poco tiene que ver con las narrativas oníricas. Tendría que producir algo de terror no saber dónde te encuentras. El *sentido de la desorientación*. La pertenencia a una *desorganización secreta*. Soñar no cuesta nada o cuesta muy caro, una de las dos. Viajar a Shanghái no es fácil tampoco. El tiempo pasa muy exasperadamente. Estamos una vez más en el 2010. Ca. 2010, quiero decir. Estamos es el nombre de una colectividad en miniatura. La imagen de un caracol o del disco de Newton o de los nudillos con que el hombre ciego toca a la puerta. Esto sería, sin duda, un verano. **Mira cómo se arranca de sí el verbo arrancar**. Toca esto. El sonido de una oración sobre la punta de la lengua. Acabo de despertar. La imagen de una calcomanía que se despega de un vidrio. Grattage. El regreso es el camino más largo. *El despertar es tanto de "todo" que no se le ha dado un dios aparte como al sueño*. Ad/herir. El intercambio entre la vigilia y el sueño suele ser una cuestión de costos. Alguien debería preguntarse sobre los significados de la palabra desigual. *La poesía es. La poesía se atiene a*. Y, de la nada, la bestia. ¿Se puede en realidad avanzar de la intemperie hasta la intemperie? El musgo es algo que se adhiere. Esta súbita aproximación de la tierra. Unir. Ratificar. Consentir.

[En itálicas, twitter de @frank_lozanodr, y dos frases del poeta chuvash Gennadiy Aygi.]

MARTES, JUNIO 29, 2010
7:33 AM

Cosa de pasar a gran velocidad y verlo. Un verde así. Mira cómo se deshace en el aire el verbo deshacer. **Esto es lo único que quedaría**. El final es una convención, eso se sabe. Podría ser una nube pequeñísima. O no. El diente de león entre las yemas de sus dedos. Al entrar en la bruma queda claro que la bruma no es más que una llovizna muy tenue. Adictos a la madrugada: eso somos aquí. Adoradores del estuario. El ritual del café: el primer trago me recuerda que todavía estoy dentro del sueño. Caminamos por esta vereda muchas veces. Un paso y luego otro y luego todavía otro. Qué extrañas las gotas que parecen perlas sobre la piel o sobre las cejas. El diente de león cerca de sus labios. Dije, como si estuviéramos en Shanghái. Las voces de los pájaros me recuerdan lo que haremos después. El eco de un eco en retroceso, despavorido. *Una palabra es un animal que siempre respira por primera vez*. Ca. 2021. Tus húmedos cabellos. Todo tiene su manera de ocurrir, eso también se sabe. Preferiría no temblar así. El diente de león cerca de sus muslos. La palabra alabastro. Las palabras garza que vuela. La mirada que se sienta a un lado de la respiración para decir: es por esto que la gente se abraza y, luego, se recuerda. El gris puede ser, a veces, el tono de una voz. No me quiero quedar: nunca me quedaré. Huir tiene su chiste: así suele decirse. Huir siempre tiene una cola que le pisen. Huir es un ir hacia Hu. Uno siempre está a punto de cruzar una frontera. *El silencio, en cambio, es una verdad hecha nudo, esperando su forma*. Estas aves no son crueles. El diente de león en el aire otra vez.

[En itálicas, del twitter de @javier_raya.]

MIÉRCOLES, JUNIO 30, 2011
8:31 AM

Cosa de asomarse al cuenco de agua y encontrarlo. Un verde así. La urgencia de vivir es a veces abrumadora. Una legión de hormigas avanza desde la nuca hasta el plexo solar a paso redoblado. Las cosquillas y la ansiedad provocan una risa similar. Algunos creen que el esternón es, de hecho, un abismo. Un último paso. Un saludo marcial. El ejército y el amor han coincidido ya en varias metáforas históricas. El cuerpo, que cae. Ad/herir. ¿Te conté de la más reciente expedición hacia Shanghái? Encontramos las verticales varas del hinojo de camino al mar. **La decisión de cortar implica siempre un ingrediente de crueldad.** Los caminos, por alguna razón extraña, serpentean. Las plantas que siempre son las plantas de tus pies. La raíz, ya fuera de la tierra, adquiere una apariencia ominosa. Al Hacia Afuera, en ciertas circunstancias, se le llama Extimidad. El uso de las mayúsculas tiende a ser significativo. De repente, de esa nada que suele ser verde, la fecha: ca. 2010. El presente no deja ir al presente. En inglés, el presente es un regalo. Te tomo. Te bebo. Te consumo. Sería esto un arma, o una cerviz. Ciertas preguntas no precisan de signos de interrogación. Hay plantas cuyo aroma. El momento en que la taza se posa sobre el labio inferior y el humo se introduce a gran velocidad por las fosas nasales. EvocarInvocarProvocar. ¡Pero es que hay tantas formas en la calma y tantas otras en la piedad! Un fotógrafo profesional sin duda pondría atención en las marcas de las estrías justo en la orilla del trasto. *Se compran pequeños hábitos, pequeñas esperanzas*. La vida ejerce una presión constante sobre la piel. El pasar del tiempo. Podríamos decir algo. Hervir, como la sangre. Hervir, como esa manera de esterilizar. Hervir, como uno de los modos de la palabra ebullición. El primer trago de té me enseña algo sobre *aquella ira con la que empezó todo en Occidente*. El segundo trago es en realidad un paisaje que se desliza, entero, por entre los cálidos órganos. Éste es mi aliento. Ésta mi tenue callada diminuta respiración.

[En itálicas, del twitter de @isaimoreno y frase de Peter Sloterdijk, *Ira y Tiempo*.]

JUEVES, JULIO 1, 2010
8:27 AM

Cosa de bordear el agua y encontrarlo. Un verde así. Hace ya tantos segundos de todo esto. Érase que fue o que habría sido. Muchos crímenes ocurren de hecho en lugares hermosos. La sangre palpita bajo el paisaje, oscura. Esto es un diente estival. La belleza, que hiere. Ominosa: pronuncia la palabra tan suavemente como puedas. La suave saña del verbo ad/herir. Lo extrañé mucho cuando estuve en Shanghái, solía escribir cosas así. La carta es un navío. Corría ya el año 2024. En esta casa *no nos sentimos en casa en un mundo interpretado*. Si hubiera abierto la ventana, el aire de la tarde me habría ayudado a recordar algo que. *Las garzas en desliz*. Solía irme de cualquier modo. A sabiendas, se dice así. Midiendo todas y cada una de las consecuencias. Hay un lugar que se llama Hu y ahí, dentro, hay una cueva. A veces se te olvida respirar, eso lo sé bien. **Éste es el momento en que aparece el zumbido en la oreja derecha.** A veces el tiempo pasa. La locura ambulatoria es el diagnóstico de una enfermedad. La conciencia se recobra sólo si se ha logrado establecer la suficiente distancia. Así, desde lo lejos, en la tierra de Hu o de Shanghái, es posible volver el rostro y pensar. ¡La cantidad de espacio que necesita el verbo reflexionar! Amar de lejos es lo de hoy. Una mujer se va a la orilla de la orilla para acomodar las ideas dentro de una valija. Arrojar la mano hacia el cielo, moverla de derecha a izquierda: borrar el mundo. Ese movimiento dulce taciturno elegíaco. Decir adiós o saludar. Las garzas son animales metafísicos. Los sonidos de su garganta. Los sonidos de los pasos alrededor del estuario. Asómate al mundo del reflejo y calla. Ve esto. Recibir una carta es abordar un tren o un avión. Leerte así. Me llamo cuerpo que no está. Escribir es irse. La carta está en lugar de Hu. Es preciso cerrar los ojos al oprimir el botón de la cámara fotográfica. Sólo segundos después

descubriría las imágenes de la danza: las garzas en desliz. La aurora de la noche. Las gracias.

[En itálicas, frases de Rainer Maria Rilke y Ramón López Velarde.]

VIERNES, JULIO 2, 2010
2:57 AM

Cosa de recibir un regalo y verlo. Un verde así. Pocas veces hay lentejuelas. Los manteles largos dificultan el movimiento libre de las piernas. Alguien baila a lo lejos. Alguien tararea una canción. Alguien más cuchichea. Tarkovski enciende y apaga una vela dentro de una alberca. El ir y venir. El venir y el ir. *Los murmullos* es un título que no. El viento agita la cortina blanca. El viento se lleva un sombrero y un paraguas. Latir es algo más que un verbo. Las ventanas sirven para ver esta escena. Todo se va. Las noches suelen ser así en Shanghái. Tan lejos de manera repentina, ca. 2015. Un diapasón. Una calle estrepitosamente vacía. Mi reino por tu reino. Es preciso titubear, decía o creo que decía Kafka, pero con la mayor firmeza. ¡Benditos aquellos que han dejado de creer en la perfección! Tu reino por el reino de lo que será. Existen, por ejemplo, los que han llorado. Obscenamente es un adverbio hecho de brazos muy largos. Existen sin duda los que se han partido en dos. La manera, que es abrupta. Alguien debería decirles que la guerra ya acabó. Me pongo el corazón del lado del corazón. **Existen los que han posado para una fotografía que aparece dentro de un marco plateado.** La eternidad es un rectángulo. ¿Es de verdad Tarkovski el que va y viene con vela en mano dentro de la alberca vacía? El candelabro se habría mantenido inmóvil justo sobre las cabezas. Algo de brutal en el movimiento que lleva la cuchara al interior de la boca. Hu está lleno de cuevas. El lenguaje amoroso incluye los verbos devorar, masticar, deglutir, tragar. Existen sin duda los que se han consumido. El reino de lo que será por el reino de lo que es. Algunos autores prefieren el concepto de cataclismo al de evolución. Los abrazos caníbales son sólo palabras dentro de un verso. El final es sólo una convención, se sabe. Un haz de luz sobre los cubiertos y sobre las uñas y sobre la memoria. Mira: esto es el fin del mundo o una luciérnaga. Alguien baila. Alguien ulula sobre la banqueta.

SÁBADO, JULIO 3, 2010
8:35 AM

El mundo entra por una grieta pequeñísima. La primera sensación es de asfixia. Habrase visto u oído. La producción de distancia se lleva a cabo a través de las ventanillas. La despedida es un aprendizaje gradual. La bruma cubre poco a poco lo que quedó atrás. El pasado imperfecto expresa una acción en curso, no acabada. En el asfalto de las carreteras se desdoblan las historias iniciáticas. Escribir es una concentración total. El viento a veces. Las voces. Aquí todo desaparece. Es posible, en esas circunstancias, perder un brazo o una pierna. **La frase es una sustitución.** Lo que se produce en el espacio de la ventanilla es lo que no está, más algo. Lo adicional rara vez es inocente. Aunque existe, en efecto, el diagnóstico: dolor fantasma de las extremidades. Las palabras curan o adormecen. Alucinar es un verbo magnífico. ¡Mira lo que está donde no está! Se trata de una niña diminuta luchando contra un monstruo de proporciones gigantescas. Llámame por mi nombre, dijo siempre la Distancia, llámame Goliath. Y nadie, nadie más en kilómetros y kilómetros a la redonda. El desamparo es una alocución muy vasta. La palabra conduce a la piedra y viceversa. ¿Sientes cómo se estrella ahora mismo contra la esquina más septentrional del maxilar? Cric. Crac. *Esto te dolerá más a ti que a mí, Joaquín.* El gozo que provoca poner dos tres cuatro palabras juntas: una especie de círculo que se abre. El broche de oro al revés. En cada punto y seguido, una conmemoración. Producirse a sí mismo es una tarea fundamental del texto. Saturar el mundo. Ofuscar. El deseo suele verse de reojo dentro de mi espejo. Me arropo en la suntuosa tela de la letra y me arrojo desde el Monte de las Cruces hasta llegar al mar. Dar de tumbos, se dice así. Correr despavorida, se dice así. Dar en el blanco, se dice así. Inmolar. A lo adicional, que es lo insustituible, se le llama lo bello o lo que escapa o lo que tienta. La escritura es un diagnóstico: me duele la pierna que no tengo./ Y el plexo./ La mano que no está. Esta rodilla/ transparente. La extremidad./ Mira: éste es un caballo de mármol que nació en Shanghái. Súbete. Móntalo. Azúzalo. Llegará a tiempo a través del tiempo, estoy segura. Llegará ayer. Acaba de llegar: ca. julio 3, 2010. 10:14 am. Sigue llegando.

DOMINGO, JULIO 4, 2010
7:12 AM

Cosa de perder el aire y encontrarlo. Un verde así. *El camino subía y bajaba: "Sube o baja según se va o se viene. Para el que va, sube; para él que viene, baja."* Costaba tanto trabajo respirar. Alguien susurraba: falta ya muy poco para llegar hasta Shanghái. La felicidad con frecuencia provoca espanto. Lo más difícil de creer es lo que está frente a los ojos: esto es algo que dijo Wittgenstein alguna vez. Tu mano, por ejemplo. O tus hombros. O el bosque, que siempre fue definitivo. Nadie le pondría atención al resoplido de las bestias. Escribir es la concentración más larga. Los caminos entre los árboles dan la apariencia de ser inexpungables o misteriosos. A veces ésa es una definición de dios. En algún otro lugar del mundo ha irrumpido ahora el clamor de una campana. Tañer. Las sirenas de las ambulancias denotan peligro. El paisaje interior habría estado intacto por años: ésa es la verdad. ¿Falta mucho todavía para llegar hasta Shanghái? La imagen de un lago, por supuesto. La imagen de un lago sin orillas. Imagina la sorpresa de Narciso cuando vio el rostro ajeno sobre la superficie del agua. En 2035 todo esto nos parecerá real. El cuerpo, que horada. El cuerpo que trastoca la composición original. La uña. El pelo. Todo esto dentro de la frase *si hubiera*. **Pero la historia es ésta:** hubo un toro en medio del camino y, al verlo, le sacaron la vuelta en lugar de enfrentarlo. Toda acción es metáfora de otra. Las sirenas son a veces seres muy pequeños. El peligro. La alarma. Los recuerdos hablan una lengua muerta. Dicen o creo que dicen: esto es un bosque y, dentro, hay otro bosque. Subir una cuesta toma demasiado tiempo. Dicen o imagino que dicen: perder el aire. Dicen: perder el diccionario. Dicen o creo que dijeron: perderte ya fue. Ser un hombre o una mujer que no sabe qué hacer con una taza de café. Alguien sube; alguien saborea la navaja. Para el que va, todo es Shanghái. Para el que viene.

[En itálicas, frases de Juan Rulfo, *Pédro Páramo*.]

LUNES, JULIO 5, 2010
3:55 PM

Cosa de tropezar y encontrarlo. Un verde así. El camino será muy largo, eso se sabe. La vergüenza que embarga cuando no se reconoce, aunque sea por un fragmento de segundo, el rostro que se creía inolvidable. La eternidad comienza así. Un día. Dicen que las uñas continúan creciendo aún después de muertos. Se dicen tantas cosas en Shanghái, sin embargo. Es necesario desbrozar. El ruido de las máquinas cuando cortan. Podar. Tú destázame las puntas del cabello si puedes. Olvidar es un sinónimo. En alguna ocasión estuve perdida por horas enteras dentro de la Ciudad Prohibida. Ca. 2005. **Los mapas suelen desorientar.** Usted no está aquí. Ni aquí. En lo que piensa el hombre que, después de desnudarse, entra muy despacio en el mar. En lo que piensa ese mismo hombre cuando sale del agua helada, despavorido. En lo que piensa cuando corre sin volver la vista atrás. Sus pies se fueron por allá. Piensa, con toda seguridad, "soy la mujer que ve a través de una lente". El rostro que se creía inolvidable mira el camino asfaltado desde la fotografía. La tristeza es una forma de la inmovilidad. A las estatuas de marfil una, dos y tres así. El talón de Aquiles es en realidad una grieta. El pensador. El rostro alguna vez reconocido se convierte eventualmente en una nube o una planta o una señal de tráfico, eso se dice en Shanghái. Semáforo. Un poeta es un alacrán, eso también se dice en Shanghái. O se dijo. O se diría. Íbamos a llegar.

MARTES, JULIO 6, 2010
9:23 AM

Cosa de acercar la boca y saborearlo. Un verde así. La niñez se desdobla sobre una carretera larguísima. El arte de no estar se habría inventado aquí: en el espesor de las ventanillas. La realidad no es más que una película proyectada, primero, sobre el asfalto, y luego sobre el parabrisas. A todo eso se le llama Shanghái. El reflejo de un reflejo es un reflejo aún más dorado. El sonido, que se difumina. La costumbre de ver hacia adelante. Hay un brillo al que se le conoce como fatuo. Un mago habría extraído conejos del sombrero así. **Quedarse es el verdadero enigma.** Lo olvidarás; lo olvidarás todo. Hay que llevar consigo sólo cosas diminutas. El lápiz y el papel caben en cualquier rincón. Los bolsillos son un arca de Noé personalísima. Lo que resulta fácil de entender es el ruido del motor cuando se aleja: somos nosotros sobre la máquina. Somos cuatro. Una familia. Un auto rara vez es lo que parece. El horizonte se horada. Entiende esto: corre el año 2019. Vamos más allá. Siempre vamos más allá. La costumbre de imaginar. Los rostros, las direcciones, los cuerpos: todo termina por confundirse. Sustituir y prostituir. Huir es ir hacia Hu. Entre una cosa y otra pasan demasiadas cosas. El cielo, por ejemplo. Esto que me rodea es un bosque de pinos y oyameles. Es el aroma lo que hiere la nariz. Imagina que es posible dibujar paisajes aún más nostálgicos en el vaho de las ventanillas. Mira esto. Mira su rostro, por ejemplo. ¿Qué se hace para transcribir, con absoluta fidelidad, las llanuras de su voz? Son cuatro y corren bajo el aguacero. Una familia. Danessa 33 es un reinado dentro de un país que se llama Domingo. La lengua sobre lo que sí está. El verbo lamer. El amor, que se mira. El ruido del granizo contra los cristales. Un detenimiento apenas. Un momento de paz.

MIÉRCOLES, JULIO 7, 2010
6:00 AM

Cosa de caminar con prisa y verlo de lejos. Un verde así. **La costumbre de escribir todos los días, más o menos a la misma hora.** La costumbre siempre renovada del cielo. Íbamos bajo el gris como si por un túnel hebefrénico, alguien en algún lugar del mundo piensa eso. El ritual del café: tocar el grano, aspirar el aroma, degustar el sabor, temblar. Los hombres y las mujeres hacen promesas en Shanghái. Algo intacto sólido puro en el ritmo de los infinitivos. Hay que estirar los brazos para tocar, aunque sea un poco, el sueño que se va. *Desde aquí se ve tanta nada que parece nunca siempre, dijo nadie.* Cuando los fantasmas salen por las ventanas, los pájaros entran por las puertas. Ese sutil aleteo. La mierda. Es muy posible que el fantasma haya sido el terror. Las ventanas y las puertas no son tan distintas al final. Las nubes, a veces. Las gotas de la llovizna. ¡Todo suele ser tan diminuto en Shanghái! Cuando hubo terminado, ca. 2013, sólo quedó ese sutil gesto: saludar. En esta casa caminamos descalzos, arrojamos la mano hacia el aire, y abrazamos. Darte la bienvenida. Todo es paisaje. Todo es alrededor.

[En itálicas, del twitter de @viajerovertical.]

JUEVES, JULIO 8, 2010
9:15 AM

Cosa de perderse en el bosque y encontrarlo. Un verde así. Las voces de los pájaros alertan hacia algo más. El crujir de las hojas bajo los zapatos. Hay una hilera de hormigas que llega, sin saberlo, hasta Shanghái. Una noticia tarda a veces años en ser transmitida. Un níspero es un níspero. La costumbre de partir. Hubo una vez un niño que, al dejar su hogar atrás, optó por Vermont o Asia. Lo que dice Anne Carson en un libro sobre Emily Dickinson y lo que dicen Susan Howe en un libro sobre Emily Dickinson y lo que nunca dijo Emily Dickinson. **Aterrador es lo que dicen los párrafos y las oraciones y las letras.** Esas cosas nacen de aquí, dijo señalándose el estómago vacío y, luego, la sien derecha. Dentro del bosque es del todo posible extrañar, aunque sea por segundos, las calles de una gran ciudad. ¡Mira la larga loca lenta hilera de hormigas que siguen los pasos de Emily Dickinson por el interior de las venas! La lluvia es la misma en todos lados. Ca. 2034. Y si vamos hacia atrás, hasta ese año, veremos que la lluvia es la misma también. Si fuera cierto todo lo que digo moriría de angustia o de pena. La mentira es con frecuencia una bendición. El agua de esta llovizna ocupa un lugar importante en el bautismo. Durante la fiesta arrojaron muchas monedas y un hombre viejo y pobre se dio a la tarea de levantarlas del suelo con una delicadeza inusual. Hay lugares donde siempre llueve la misma lluvia de siempre. Shanghái es una bruma o un hueso alrededor de la muñeca. El verde: una cosa que late dentro de su médula. Los colores son así. Los pájaros dicen: todo está en paz. El crujir de las hojas y de los huesos y de los dientes. Los pájaros insisten: mira. Y, de repente, el mar. Todo este océano.

VIERNES, JULIO 9, 2010
1:10 PM

Cosa de ver la bandeja de entrada y examinarlo. Un verde así. Los colores a veces tardan mucho en llegar al sitio del origen. **El verde siempre está en otro lugar.** Detrás de la cerca hay algo; a ese algo se le llama más tarde o más allá o más de lo mismo. O menos. Querría que el estuario fuera uno de los nombres menos conocidos del verano. El secreto no se tiene; el secreto se produce. Mira: estas son tus dos manos. Es del todo posible que lo que pasa, pase en Shanghái. Los largos umbrosos dúctiles paseos vespertinos sobre la lengua: Del lat. *aestuarium*. Habrían sido estas las imágenes, en efecto. Habrían pasado. Volver a respirar puede constituir un milagro. Irse lejos y regresar y, luego, irse otra vez pero de forma completamente distinta. Pasar: ca. 2037. En una duna del Perú y con ayuda de 500 personas armadas con palas, Alÿs hubo comprobado que la fe mueve montañas. Literalmente: es deseable a veces leer así. Un verde. No sólo sería un destino, Amberes. El meditabundo uso de las itálicas. *Son tardes como esta en las que uno anda en busca de la tarde.* A veces, desde lo más lejos, llega el eco de lo que yace. La felicidad que descompone. Suele ocurrir con los mensajes de teléfono o con lo que se dice cerca del pabellón de las orejas. La cosa en sí y la cosa para sí. El hombre o la mujer que no sabe incluso qué hacer con la alegría. El ruido de las llantas contra el asfalto. Arrancar, es cierto. Mirar por debajo. Cernir.

[En itálica, del twitter de @viajerovertical.]

SÁBADO, JULIO 10, 2010
7:31 AM

Cosa de pasar a la siguiente sala y encontrarlo. Un verde así. La perfección es algo que se escapa. A veces caminas como en trance hasta cruzar una línea invisible después de la cual el paisaje, que es el mismo, oscurece. Bajo la fronda. Puede que el alivio sea sólo un disfraz del tiempo. Iba a ponerme de rodillas y a rezar, pero me distraje. Una canica esmeralda, hace muchos años. El río que todavía resbala por la tierra. Un bosque dentro de otro bosque dentro. Una mosca. Como si a la nada, ir. El sonido de la respiración bajo las sienes, en la caja torácica, dentro de las muñecas. Zumbar. Retumbar. Reincidir. Hay una serie de cosas que sólo pueden constatarse desde la mirilla del cuerpo. ¿Hay alguien ahí? ¿Hubo alguien alguna vez en Shanghái? **Ésta es mi mano sobre tu nuca.** Emprenderíamos un largo viaje sin saberlo. Caminaríamos dentro de un cuadrado hacia otro cuadrado. La tiza y la rayuela y el pie que salta. Es la infancia el origen. El goce, que regresa. Desapareceríamos de improviso como los humanos. El microscopio de los dedos sobre las cosas más humildes de la tierra. Implacable, la atención. Allá, ca. 2045, todo esto te parecía irreal. ¡Quién pudiera construirse un muro alrededor! Mis aristas. Mis pesadillas más dulces. La cámara de las mil maravillas. Con frecuencia incluso la respiración es demasiado. El vacío más inútil: ése es el deseo. Ser fantasma y borrar: ése es el deseo. Atravieso el patio de una casa que no está. Justo eso.

DOMINGO, JULIO 11, 2010
8:30 AM

Cosa de volver la cabeza hacia el muro y verlo. Un verde así. Habría que estremecerse a veces. Las gotas de lluvia a través de la resolana de la tarde, por ejemplo. Las escenas de una película vista hace una eternidad. El timbre de tu voz. Anoche, dentro del sueño de otro soñante, viajaba con una maleta demasiado pequeña. Con frecuencia los objetos de uso personal son de juguete. Aumentar o disminuir de tamaño no sólo le sucede a Alicia, en su país. Bruscamente. La sombra de los cuerpos sobre el camino de tierra o sobre la pared de enfrente: una de dos. O las dos. Es del todo posible caminar sobre el plano vertical, hacia arriba, hacia el cielo. La belleza ambigua de las sombras, su pátina. **Un miope sólo sabe dudar.** A menudo se sobrevalora a la gravedad, eso es cierto. Un *pathos*, dijo alguna vez alguien como en broma. Valdría la pena reírse con más frecuencia. Decir: ¿qué te trae por aquí? Decir: éste es un té de hinojo o de menta. Decir: ésta es mi pared tuya. De mí en ti, la pared. El título del deseo podría haber sido *Ir hacia allá*. Todas las raíces son aéreas en Shanghái. A cada declaración le corresponde una pregunta. ¿Y es esto una mesa llena de alimentos rajásicos junto al mar? Respirar es un aprendizaje turbio. Si fuera ca. 2032 y no ca. 2017 tal vez encontraríamos motivo para cerrar los ojos o para masticar despacio o para leer las líneas de la mano. Mírala bien: por ahí va tu esquela en traje de baño.

LUNES, JULIO 12, 2010
7:28 AM

Cosa de moverse con cautela y verlo. Un verde así. Contarte lo que pasa. Narrar las mañanas y los mediodías y las tardes y las noches y las madrugadas. Los puntos suspensivos son apenas un límite. La anécdota es lo que tiende a explotar. Valdría la pena evadir esa piedra en el camino y continuar. Los bordes más distantes de un cuerpo son las puntas del cabello, el filo de las uñas, la flecha sin rumbo de las pestañas. Cede. **En algún punto empieza el tú.** La voz es un retrato de los órganos más íntimos del cuerpo. Temblar no es más que. Entiéndelo así: cuando la cercanía es mucha, agobia o se convierte en nosotros. O ambas. O incluso más. Es necesario a veces organizar una expedición a Shanghái. ¿Guardas todavía la imagen del Santo Niño dentro de las páginas de un libro? Mi equipaje: una colección de materiales manufacturados, una mano, los huesos tocados por el trueno. Siempre hay necesidad de un estandarte. A esto yo le llamo simulacro o umbral. Me han dicho que todo ha cambiado por allá. O cambiaría. Definitivamente cambiará. Hay una garita en todos lados. La pregunta es: ¿cómo te llamas? Los pronombres en plural suelen producir una pena infinita. La pregunta es: ¿realmente tenemos marcado en el interior del antebrazo el número 2033? De la nada, de ese pasadizo angosto donde se hace la clorofila, la palabra retacería. El vestido de brocado con adornos de pirita. La mariposa en la nariz. ¡Pero qué fresco huele todo aquí! Las palabras tienen, a veces, alas. Yo te ayudaré a escapar, decías.

MIÉRCOLES, JULIO 14, 2010
7:33 AM

Cosa de enfocar la lente y encontrarlo. Un verde así. El frescor del primer trago de agua dentro del cuerpo. El miércoles se posa, con suma tranquilidad, sobre el esternón. Latir es a menudo otro verbo. La vitalidad se nota, sobre todo, en el peso de los pies sobre el pavimento. Carne de mi carne. Sangre. Alguien se acaba de levantar de una silla para dirigirse a. **Cuando te encuentres al final de la frase toma un paracaídas y abre los brazos.** Las ráfagas afganas. Las hebras del cabello. La atracción del vacío podría ser el diagnóstico de una enfermedad. Escribir es eso. Ambulatorio se refiere al uso de ambas extremidades, especialmente al caminar. Correr es una manera de inventar el aquí y el ahora. El pensamiento es un ejercicio, en efecto. ¡Todos estos huesos! Es muy sencillo: la gente corre para irse de aquí. La prisa a veces gana. El horizonte se desdobla con cierta gracia hoy. Sangre de mi sangre. Carne. Al final de la respiración siempre queda el mar o la náusea. Sigo siendo la niña que prefiere caer y regresar de entre los muertos. A todo esto yo le llamo Shanghái. El ruedo podría ser una rueca si no fuera el escenario donde avanza una bicicleta o una bestia muy dulce. Entrar ahí. Jugarse la vida ahí. Mi reino por mi reino. Ca. 2666. Esto.

VIERNES, DICIEMBRE 24, 2010
8:22 AM

El tiempo es, en efecto, lo que pasa. Érase una vez. Hubiera. Fue. Lo propio de la luz es alumbrar lo que no está. Un color es un sistema de registro. El objetivo no es la emoción ni el consenso. Ahí hubo algo alguna vez, dice. O se dice. La memoria es un juego de niños que juegan con escalpelos. La frase es lo que sustituye. El presente es un regalo, sobre todo en inglés. Con frecuencia, uno no sabe lo que escribe. Con frecuencia, uno lee. Uno dice: lo recordaré así.

LA IMAGINACIÓN PÚBLICA
(2015)*

* Los poemas de este libro se publicaron por primera vez por Conaculta.

[Mi punto de partida es

éste.

Estas escrituras no
admiten lecturas literarias; esto
quiere decir que no se sabe
o no importa

si son o no son

literatura.
y tampoco se sabe
o no importa
si son realidad o ficción.

Se instalan localmente
y en una realidad
cotidiana para "fabricar

presente"

y ése

es precisamente su sentido.]

JOSEFINA LUDMER, *Literaturas postautónomas*

INTERPRETACIONES CATASTRÓFICAS DE LOS SIGNOS DEL CUERPO

El mecanismo que desencadena la hipocondría es la interpretación catastrófica de los signos corporales más ínfimos por parte del individuo.

es.wikipedia.org

I. ACURRUCARSE

De la familia de los Orthomyxoviridae, las palabras
gripe o gripa proceden de la francesa

grippe; procedente
del suizo alemán grupí:

acurrucarse

una enfermedad infecciosa de aves
y mamíferos, la influenza
procede del italiano, un tipo
de virus ARN, de la familia
de los Orthomyxoviridae proceden
de la francesa palabra
del suizo del alemán procede del italiano
influenza la infección de las palabras
procedentes del virus de la familia
proceden de la causa
infecciosa de las aves
de todas las aves, de todos
los mamíferos
procedentes de la enfermedad
infecciosa de la familia

de las palabras
acurrucarse aves, acurrucarse

mamíferos.

II. LA CARIES

Es una enfermedad
multifactorial, es la destrucción de los tejidos
es la desmineralización, son los ácidos que genera la placa
bacteriana. Son las bacterias que producen ese ácido
son los restos de alimentos donde ocurre
es la dieta que se les queda expuesta. Es exponer
es la destrucción
química dental, es la ingesta de azúcares
y ácidos.

Es la desmineralización.

Son los errores en las técnicas de higiene
son los errores en las pastas dentales inadecuadas, es la falta
de cepillado dental o es no saber usar bien
es la falta
son los movimientos del lavado bucal; es la ausencia
de hilo dental; es una etiología
genética.
Es la destrucción.
Son los tejidos donde se fabrica
el error.

Es la influencia del pH de la saliva. Tras la destrucción
es la desmineralización
del esmalte es lo que ataca a la dentina y alcanza
es el ataque; es la pulpa dentaria que produce
su inflamación, es la destrucción

es la falta
es la pulpitis; es la posterior necrosis
(es la muerte pulpar).

Es la muerte.

Si el diente no es tratado es lo que lleva
a la inflamación; es la falta
multifactorial, es la inflamación del área que rodea el ápice
(es el extremo de la raíz)
es la desmineralización; es lo que produce una periodontitis
apical, es la destrucción
son los ácidos y lo que genera los ácidos
es un absceso, una celulitis o incluso una angina de Ludwig.
Es la falta.

Es la necrosis. Es lo que

no.

III. TODOS LOS SONIDOS DE LA MUELA DEL JUICIO

Dente del giudizio.
Queixal de l'enteniment o del seny.
Dente do siso.
(fronimitis) Φϱονιμίτης.
Le dent de sagesse.
Ders-al-a'qel (المقررات الشريف.)
Dens sapientiae.
The wisdom tooth.
Verstandskies.
Zhi Ya (志雅)
Dandan-e aghl (دانادن آغل)
Shen bina (הניב ןש)
Darsa ta' l-ghaqal o *darsa ta' l-ghaqad.*
20 yaș diși.

En coreano es *sa-rang-nee* (사 랑그) que significa

literalmente
"diente del amor" en referencia
a la juventud y el dolor
del primer amor.

Oyashirazu (親知らず)
gigi bungsu,
fan-jut (ฟันคุด)

IV. CEFALOPATÍA

En cualquier parte.
De la cabeza. En los diferentes tejidos de la cavidad.
Craneana. En las estructuras que la unen.
A la base del cráneo. Los músculos.
y vasos sanguíneos que rodean.
El cuero cabelludo. Cara. Cuello.
En el lenguaje coloquial.
Cefalea.
Es un dolor de cabeza.

Un síntoma muy frecuente.
Un síntoma en realidad.

Benigno.
y transitorio que en la mayor.
Parte de las ocasiones. Cede.
Espontáneamente.
O con la ayuda de algún.

Analgésico.

Puede ser.
Originada también por una enfermedad.
Grave. Que ponga.

En peligro la vida.

Del paciente. Como meningitis.
Tumor cerebral. O hemorragia
subaracnoidea.

Ciertas formas.
De cefalea. Como.
La migraña.
Aunque no tienen consecuencias.
Graves.

Causan mucho.
Sufrimiento.

A quienes.

Las padecen.
Ciertas formas.

Migraña.
Cefalea tensional.
Cefalea en racimos y otras.
Cefaleas trigémino-autonómicas.
Cefalea benigna por tos. Cefalea
Por actividad sexual. Cefalea
Benigna por ejercicio.
Cefalea hípnica.

Un síntoma en realidad.
Un síntoma muy frecuente.

Cefalea atribuida a traumatismo.
Craneal, cervical, o ambos. Cefalea
Atribuida a trastorno vascular.
Craneal o cervical. Cefalea atribuida.
A trastorno intracraneal no cervical.
Cefalea atribuida a una sustancia.

O a su supresión.

Cefalea atribuida a una.
Infección. Cefalea atribuida a trastorno.
Del cráneo. Cuello. Ojos. Oídos. Nariz. Senos. Dientes. Boca.
U otras.
Estructuras faciales. O craneales. Cefalea.
Atribuida a trastorno psiquiátrico.

Los mecanismos. La.
Patogenia.

Ciertas formas.
Espasmo o inflamación de los músculos.
De la cabeza y el cuello. Distensión.
Tracción. O dilatación de los vasos.
Sanguíneos de la cabeza. Incluyendo las arterias.
y venas tanto del interior.
Del cráneo. Como externas.
Al mismo. Inflamación.
Compresión. O tracción de los nervios.
Sensitivos craneales. Irritación.
De las meninges en la cefalea de la.
Meningitis. Por ejemplo. Hipertensión.
Intracraneal. Es decir aumento.
De la presión del líquido.
Cefalorraquídeo.
En el interior del cráneo.

Puede ser una manifestación.
De la enfermedad.

De Wemicke.

V. LA EFICACIA DEL MECANISMO DE LA TOS

a. un sonido característico

Una contracción espasmódica

la liberación violenta
del aire

de los pulmones, la liberación
violenta

esta cavidad torácica
espasmódica

el aire

un sonido característico.
La liberación.

b. la inspiración profunda

Mecanismo de forma
voluntaria o mecanismo
reflejo. Como reflejo

profunda.
defensivo: vías sintomáticas

y asintomáticas. *La parte*
sintomática comprende

receptores dentro

la distribución sensorial de los nervios
trigémino glosofaríngeo laríngeo superior
y vago. *La parte*
asintomática comprende

el nervio laríngeo recurrente
(que produce el cierre
de la glotis) y los nervios
espinales (que producen contracción
de la musculatura torácica
y abdominal). *La secuencia*
de la tos comprende

un estímulo
apropiado que inicia

una inspiración

profunda.

c. aire de una forma incorrecta

: cierre de la glotis
: relajación diafragmática
: contracción muscular frente a glotis
: cerrada
: máximo de presión positiva dentro

: de tórax, dentro
: de vías
: respiratorias

Presiones positivas
intratorácicas
dan lugar a un estrechamiento

la
tráquea
a
través
de

un pliegue
la membrana posterior, más
elástica. Una vez

una vez que se abre
la glotis, la combinación
de una gran diferencia de presiones
entre las vías, una vez
respiratorias y la atmósfera
y este estrechamiento una vez
traqueal produce
una vez
flujos

a
través
de
la
tráquea
de

cuya velocidad se aproxima
a la del sonido.

Las fuerzas del cizallamiento
cooperan
en la expulsión del moco

los cuerpos extraños.

La traque/ ostom/ ía
corta
el cir/
cuito y los tu/
bosendotraq
/ueales
impiden el
ci/
errede
la glo/
tis

ambos disminuyen
la eficacia del mecanismo de la tos
la tos:

un movimiento inapropiado de los pulmones
hace expulsar el aire
de forma
incorrecta.

d. clasificar

Seca: sólo expulsa aire, sólo
expulsa. Productiva: expulsa
aire y esputo, produce
expectoración.

Emetizante: produce
vómitos (con alimentos, con bilis
con etc.). Aguda: menos
de 3 semanas. Subaguda: de 3 a 8
semanas. Crónica: más de
8 semanas. Espasmódica: en forma
de espasmos. Sibilante: con ruidos
respiratorios agudos.
Convulsiva o convulsa: accesos
violentos
intermitentes
sofocantes
de tos. Golpes
de tos. Nocturna: sólo o principalmente
por la noche. De esfuerzo:
provocada voluntaria-
mente,
generalmente para expulsar
alimentos o cuerpos extraños.
Tosferina: tos ferina. Tos
perruna: producida por espasmos
de la laringe. Tos
vómica: acompañada

de vómitos
purulentos.

e. lo anterior

¿Es aguda o crónica?
¿Se asocia con fiebre?
¿Se acompaña
de expectoración? Si es así, ¿cuáles
son sus características?

¿Es estacional?

¿Tiene factores de riesgo
importantes? ¿Tabaquismo?
¿Adicción a drogas
intravenosas, inmovilización
exposición ambiental
a tóxicos? ¿Cómo
es su historia
médica

anterior?

f. las sibilancias episódicas

El carácter de los datos
ausculatorios puede sugerir
cualquier enfermedad.
En la laringe un estridor

inspiratorio con sibilancias
los roncus inspiratorios
y espiratorios
en tráquea y bronquios

los estertores subcrepitantes
inspiratorios rudos:
fibrosis intersticial
edema o ambos; los estertores
crepitantes finos:
neumonitis
o edema pulmonar

alvéolos con líquido.

g. tratamiento definitivo

: determinar
su causa exacta, iniciar
tratamiento específico de causa
subyacente: se abandona el tabaco
se trata con antibiótico una infección
bacteriana, o se suprime
el reflujo
gastroesofágico.

El tratamiento sintomático
o no específico cuando: 1) la causa
se desconoce o no
es posible un tratamiento
específico, y 2) cuando la tos
no tiene utilidad o supone
un nesgo o causa

incomodidad sustancial.

La tos irritativa se suprime
con un fármaco
antitusígeno

aumenta
la latencia o umbral del centro

tusígeno: la codeína (15 mg cuatro veces
al día), medicamentos no narcóticos
dextrometorfano (15 mg cuatro veces
al día). Estos medicamentos son
un tratamiento sintomático útil
interrumpiendo

paroxismos prolongados que se autoperpetúan.

No debe suprimirse
una tos
productora de esputo

la retención
en el árbol traqueobronquial
puede interferir

la ventilación
la aireación alveolar

y la resistencia
pulmonar a la infección.
Una hidratación adecuada, los expectorantes
la humidificación
del aire, un nebulizador
ultrasónico con bromuro de ipratropio, un broncodilatador
de acción antimuscarínica

dos inhalaciones (36 mg cuatro veces
al día). El glicerol yodado
(30 mg cuatro veces al día) en el asma
o en bronquitis crónica
guaifenesina (100 mg tres veces
al día), bronquitis aguda
o crónica. El aclaramiento

mucociliar puede aumentar
con agonistas

beta-adrenérgicos: la efedrina (12.5
mg cuatro veces al día), especialmente
en pacientes con fibrosis quística, teofilina
(100 mg tres veces al día), en pacientes
con enfermedad pulmonar obstructiva
crónica.

El tratamiento protusígeno, los aerosoles
con suero salino hipertónico
los aerosoles de amilorida.

El descanso.
La muerte. El más
allá.

VI. ESCOTOMAS

Centelleante:
esta zona ciega del campo visual
esta serie de destellos luminosos
móviles.

El hecho de saber
cosas

porque sí

el hecho de imaginárselas

la mente ve
lo que quiere ver

claramente. El
lecho.
La cicatriz.

VII. SÍNDROME DE CARPO

a. del túnel, a través de este túnel

Es un pasadizo estrecho y rígido
es el ligamento
y los huesos en la base
es la mano
contiene el nervio
los tendones
el nervio mediano
(viene desde el antebrazo).

En su parte proximal: los huesos
pisiforme, semilunar, piramidal y escafoides.
En su parte distal: el trapecio
el trapezoide, el grande y el ganchoso.

El ligamento retináculo flexor en el techo
del túnel. A través de este túnel
cuatro tendones del músculo
flexor común superficial de los dedos de la mano

cuatro tendones del músculo flexor
común profundo de los dedos de la mano
cuatro tendones del músculo
flexor común
superficial profundo
de los dedos de la mano

y el tendón del músculo
flexor
largo
del pulgar.

b. irradiándose

Cualquier proceso que provoque
ocupación del espacio (presencia
de líquidos, inflamación, etc.)
suscita la disminución
del espacio

y el atrapamiento

del nervio. Algunas veces,
el engrosamiento de los tendones
irritados, otras inflamaciones
estrechan el túnel, aprietan o ciñen
el túnel, reducen
estrangulan el túnel y comprimen
el nervio

mediano. El túnel.

Puede ser dolor, puede ser debilidad
o entumecimiento de la mano
debilidad o dolor de la muñeca
irradiándose por todo el brazo.
Puede ser entumecimiento el dolor
pisiforme, grande, semilunar.
Puede irradiarse.

Piramidal.
Las sensaciones de dolor pueden indicar
otras condiciones, otros ámbitos
aquí se traumatizan los nervios
periféricos del cuerpo. Aquí

se irradia.

El allá.

c. intratúnel

La presión dentro del túnel
de Carpo es de 7-8 mmHg.
En situaciones de patología alcanza
hasta 30 mmHg; a esta presión

ya hay disfunción. A esta presión
la debilidad o el entumecimiento
a esta presión, cuando la muñeca
se flexiona o se extiende
el dolor, irradiándose
la presión puede aumentar a 90 mmHg o más
lo que ocasiona
isquemia en el vaso
nervorum. Un círculo

vicioso:

aparece el edema vasogénico
el entumecimiento, la debilidad
aumentando más la presión

la debilidad, el entumecimiento
intratúnel.
El dolor.

d. excepto el dedo meñique

Es una neuropatía
periférica. Cuando el nervio
mediano presiona o se atrapa
dentro del túnel
carpiano, a nivel de la muñeca.
El entumecimiento o la debilidad
el dolor, irradiándose.

Aquí se traumatiza
el nervio mediano (abarca
desde el antebrazo) controla
las sensaciones de la parte
anterior de los dedos de la mano (excepto
el meñique) los impulsos de algunos
músculos muy pequeños músculos
algunos de la mano que excepto
permiten el movimiento
irradiándose
semilunar, pisiforme, grande
de los dedos
(excepto el meñique)
y el pulgar.

VIII. EL CUERPO UNGUEAL

a. distal

Anexa de la piel
en las regiones distales
de los miembros. La uña
en los animales
la garra. La forma
más antigua
entre los vertebrados:
la zarpa.

Células muertas
endurecidas
—anexas de la piel—
queratina:
una materia
fibrosa que el cuerpo
produce. La uña
una proteína
que encaja.

Una subespecialización
de la piel, un espejo
lo que protege la pulpa
de los dedos
una gran vascularización en el lecho
epidérmico, esta
transparencia

distal.

Punta corva en la que remata
la cola del alacrán
y con la cual

pica.

b. lúnula

Córnea la estructura
que conocemos como uña: el cuerpo
ungueal

la porción
dura, la translúcida
de queratina.

La medialuna, la parte
blanquecina
en la base del cuerpo
ungueal: lúnula.

Se llama lúnula
al final de la matriz, al final
la parte visible de la uña
viva. El resto
del cuerpo ungueal
se compone de muertas
células
muertas.

El tejido conectivo
debajo de la uña, el lecho
ungueal, lo que une
con el dedo. Lo que
el universo.

Las muertas, las células
muertas

todo lo demás.

c. la invasión

Suele afectar uñas de manos
y pies, la invasión

fúngica

se asienta en la porción proximal de la matriz
ungueal o a través de la cutícula
en combinación con microtraumatismos

o traumatismos a repetición.

A repetición.

A repetición.

A repetición.

d. no es totalmente sano

Se le llama onicofagia
a la acción de comerse o morderse
las uñas:
no es una enfermedad
no es totalmente sano
no es una necesidad de autoflagelación o auto castigo, no
es una compulsión, no
siempre el sabor o el dolor.

Es habitual, indica
estrés
tensión interna
inseguridad.

No es totalmente sano
comerse o morderse
las uñas no es una enfermedad
es habitual
auto castigo, indica el sabor
la interna compulsión
o el dolor.

Es tratable
y puede ser erradicada

o llevable.

No es
totalmente
sano no es
autoflagelación.

e. sobrecolonización

Los microbios y detritus
bajo los repliegues
ungueales
favorecen la infección

la inflamación.

Sí es una enfermedad.
Aparecen manchas
blanquecinas, la uña
se pone sensible
al tacto, al apretar
la placa ungueal
puede salir

un líquido cremoso

amarillo

o transparente. Con el tiempo

puede aparecer un pigmento verdoso
fruto de la sobrecolonización
bacteriana en miembros
distales. La garra
la zarpa en los animales.
La pezuña.

Con el tiempo el hongo
invade la matriz
ungueal, la infección
se extiende a capas

más profundas. Con el tiempo
la invasión distal
la base de la uña se enrojece
y es dolorosa. Indica
con el tiempo
el dolor o el sabor.
Puede efectivamente aparecer
con el tiempo
primero en una uña y después
con el tiempo
extenderse a las demás. Sobre-
colonización. A todas
las uñas, invadiendo.

El trabajo y los ambientes
húmedos favorecen
la cronificación
la sobrecolonización
del proceso.

Con el tiempo
la sobrecolonización, fúngica
la invasión
distal

la uña se despega
del lecho

y sus colores mezclados
y su superficie

tan áspera.

f. el ritmo exacto

El ritmo de crecimiento de las uñas varía
de un dedo a otro y de una persona
a otra. Las uñas crecen a una velocidad
promedio de 0.1 mm/día (1 cm cada 100 días
o unos 4 mm al mes). Las uñas de las manos tardan
de 3 a 6 meses en volver
a crecer completamente. Las uñas de los pies
tardan de 12 a 18 meses en volver
a crecer completamente. El ritmo exacto
depende de la edad, la estación
del año, la cantidad de ejercicios
y otros factores
hereditarios. En muchos

instrumentos de cuerda pulsada
se usan las uñas, siendo notable
la diferencia del sonido
respecto a la púa.

En estos casos se dejan crecer
las uñas a una velocidad
el ritmo exacto

y se les da una forma
específica.
Si no se cortan
las uñas pueden alcanzar
una longitud
considerable. Las uñas
de las manos
crecen
el ritmo exacto

cuatro veces más rápido
que las uñas de los pies.

IX. HAY UNA RODILLA EN TODO ESTO

Hay una rodilla en todo esto.
Flexionar, extender, bloquear, desbloquear, ligera rotación.
Los ligamentos que pueden ser yugiales o rotulianos o
alares. Tendones varios.

A eso se le llama "caminar humanamente sobre una
explanada de granito" o "escalar una montaña un día
muy nublado" o "subir las estrechas escaleras de un
castillo".

La mayoría de las cuestiones del cuerpo se encuentran
explicadas en un manual.

La artrosis, por ejemplo, que es mejor conocida como
osteoartritis, es el desgaste del cartílago que recubre las
superficies articulares que conforman la rodilla. Por lo
general aparece como consecuencia de lesiones,
deformidades y por la edad o sobrepeso, aunque también
se produce sin causa aparente.

Nótese: El desgaste. La edad. El sobrepeso.
Nótese la causa, que no es aparente.

El tiempo es a veces cosa de un fulgor.
Toda articulación —el fémur y la tibia, el fémur y la
rótula— proximal o distal: flexionar, extender. A eso se
le llama "voy hacia", "el tú es un pronombre que",
"caminar divinamente".

La parte superior o dorsal del pie es el empeine y la inferior,
que responde al nombre de planta, se posa. Se eleva.
Reposa. Se eleva. El pie y el tobillo y los músculos
extensores y flexores.

La mayoría de las cuestiones del cuerpo se encuentran
explicadas en un manual.

La palabra "astrágalo". Las palabras: "falange proximal".
Las palabras: "fibrocartílagos avascularizados".

Hay una rodilla en todo esto.

Esta ligera rotación hacia el pronombre montaña hacia el
adverbio castillo hacia la preposición humanamente.

[Las instrucciones: se trata de las enfermedades que sufrió mi cuerpo durante el 2012. Ante cada nueva enfermedad, busqué las definiciones en Wikipedia. Con ese lenguaje de otros, mediado por las máquinas de hoy, elaboré los poemas anteriores.]

LO PROPIO DE LA MÁQUINA ES CORTAR

NINGÚN LENGUAJE ILUMINARÁ / LOS NUNCA

a. yo me equivoqué de bosque

Lo que yo tengo es encantamiento, mi mal
sin piel, las frutas mondadas desde la cuna

no necesité de cosas.

Habité la raíz, el color
las lagunas en el cerebro. Las hay
inmóviles como los hielos del Ártico
barquitos de papel. La sed
¿ya descubrieron su sitio y por qué
no la sacia el agua?

En la sangre siempre es de noche
ritmos de fósforo; danza.
Los huesos se ajan adentro. En todo
vientre cuna olvido.

El hambre que desgarra es de palabras. Alguien
la culpa: el eco,
cada convulsión.

Este temblor;

el deshielo.

Las arterias sueltan sus papalotes y mi cabeza
se eleva, golpea el firmamento.

No estoy, no: mis brazos vienen
a mi encuentro y me empujan;
mis piernas huyen, son ellas
las que viajan. Cuando regresan
mi memoria parda y exprimida
no reconozco mi cuerpo. Prefiero
un puñado de luciérnagas; el resplandor
su vuelo sobre mi asfixia.

Me he quedado como un ebrio esperando que pase mi
camino.

Yo me equivoqué de bosque; bajo este árbol
el sueño: en mi corazón
avanza un eclipse. El sol
y el espanto del nunca.

En el afuera todo cambia; ahora
los vidrios y los niños
se empañan. Los pececitos han perdido el crepúsculo
las alquimias. Usted debe saber
esto: los encantamientos son la todavía no materia.
Los síntomas.

b. en la sangre siempre es desayuno

Los huesos se ajan adentro. En todo
encantamientos:
en lo todavía no

no: mis brazos vienen

a mi encuentro y mi memoria
parda y exprimida

no reconozco culpa: el eco,
cada convulsión.

Éste me empuja;
mis piernas huyen, son ellas
luciérnagas; el resplandor
su vuelo: los vidrios y los niños
se empañan. Los acuna.

No necesité de los que sueltan sus papalotes y mi cabeza
sin piel, las frutas mondadas desde el temblor;
el deshielo.

Las arterias: lo que yo tengo es encantamiento
mi mal sobre mi asfixia.

Me he quedado como un ebrio esperando que pase mi
camino.

Estas lagunas en el cerebro. Las hay
inmóviles como los hielos del Ártico:

me equivoqué de bosque; bajo
este árbol poseído por una persona viva,
tu verga y mucho. A la cama
exhausto y eclipse. Me voy.

El sol y el espanto del nunca.

Mi sexo y el lenguaje hecho de puros
fantasmas.

Las que viajan, cuando regresan
mis cosas.

Habité la raíz, el color
la materia.

Los síntomas.

Hice los barquitos de papel. Hice
la sed. ¿Ya descubrieron su sitio y por qué
no lo sueño? En mi corazón

avanza un de noche.
Ritmos de fósforo; danza
pececitos que han perdido el crepúsculo
¿los sacia el agua?

En la sangre siempre es desayuno y pensé
mi cuerpo debía poseerte.

Prefiero un puñado.

En el afuera todo cambia; ahora
las alquimias. Usted debe saber

esto: vientre cuna olvido.

El hambre que desgarra es de palabras. Alguien
las eleva, golpea el firmamento.
No estoy.

c. un de noche por el ártico

Ahora
las alquimias. Usted o alguien
las eleva. Golpea la cabeza
sin piel, la fruta
está llena de ti, como mi firmamento
no estoy:
el que suelta sus papalotes y tu verga.

En el afuera todo cambia; las cosas.

Habité la raíz, él
los pececitos que han perdido el crepúsculo
¿los sacia el mondado desde el temblor?
Prefiero un puñado de encantamientos.
Mi mal sobre las luciérnagas; el resplandor
paseando, mis dientes
¿ya descubrieron su sitio? El corazón
avanza un de noche por el Ártico.

Me equivoqué
ritmos de fósforo; danza
éste me empuja;
mis síntomas. Tu verga y mucho.

Me voy, me desayuno
pensé que todo encantamiento
en las arterias:
lo que yo tengo es todavía no
no: mis brazos vampiros y cada uno

te tocó.

Debía poseerte mi cuerpo. Los labios y luego
pasar la tarde en las lagunas del cerebro. Las hay
color
materia.

Un deshielo.

El sol y el espanto de saber
esto: vientre piernas huyen, ¿son ellas
agua?

En la sangre siempre.

No reconozco culpa: el bosque;
bajo este árbol poseído por una persona viva,
inmóviles como los hielos, los huesos
se ajan adentro. Es mi asfixia.

Me he quedado, el cuarto
entero, como un ebrio esperando por la cama

exhausto y eclipse, asomándose

los del lenguaje hecho de puros nunca.

Mi sexo y él cuando regresan
mis fantasmas. Las que viajan:
cuna olvido hambre

su vuelo

los vidrios y los que vienen
a mi encuentro: la memoria parda y exprimida
de niños
se empaña.

Las bocas en un buen día: el beso acuna.

No necesité de los ecos,
cada convulsión. Los barquitos de papel. La sed.

Pasé por mi camino.

Éste que desgarra es de palabras. ¿Por qué
no lo sueño en mí?

d. color ahora

El árbol poseído
esto: las que viajan sangre piernas

¿ya descubrieron su sitio y el corazón que avanza
un de noche por el Ártico?

Luciérnagas; el resplandor cambia
sobre las cosas. Tu verga.

Mi sexo y el vuelo: los vidrios y los que vienen
a mí, la materia.
Te desayuno y mucho.

Ningún lenguaje podrá
tarde de lagunas en el cerebro. Las hay
color ahora
las alquimias. Usted o alguien.

El sol y el espanto se elevan en la cama
ningún lenguaje iluminará
los nunca. La boca en un buen fósforo
danza.

Me he firmamento.

No estoy. El que suelta los papalotes, no.

Poseerte, mi cuerpo.
Los labios.

e. la todavía no materia

En la sangre siempre es de noche
tu verga
el firmamento no.

Y mucho.*

---

* *[Con textos de Guadalupe Dueñas y Doddie Bellamy en máquina mezcladora Lazarus-Corporation.*

Guadalupe Dueñas incluyó "Caso clínico" en el libro de cuentos Tiene la noche un árbol, *el cual publicó el FCE en 1958. Doddie Bellamy publicó* Cunt-Ups *en el 2002. La LazarusCorporation [http://archive.lazaruscorporation.co.uk/cutup/textinput.php] es una máquina que mezcla lenguaje.*

El método: reduje, a través de un método intuitivo de tachadura, el cuento de Guadalupe Dueñas a líneas breves, alineadas en el margen izquierdo de la página. Respeté el orden original del texto, limitándome a quitar vocablos y a reorganizar los restantes en líneas cortas. Coloqué el resultado de este ejercicio en la sección I, bajo el título "Yo me equivoqué de bosque". Traduje algunas líneas del texto de Doddie Bellamy y las introduje, junto con mi versión de "Caso clínico", en la máquina de Lázaro. Repetí este procedimiento dos veces, con cortes de siete y de cinco palabras, incorporando los resultados en la sección II, "En la sangre siempre es desayuno", y en la sección III, "Un de noche por el Ártico". Ninguna palabra fue omitida. Finalmente, extraje fragmentos de los textos anteriores de manera aleatoria y los recombiné sin respetar el orden original en la sección IV, "Color ahora" en la sección V, "La todavía no materia".

Es el verano del 2012. Llueve.]

ME LLAMO CUERPO QUE NO ESTÁ: LOS ENCLÍTICOS

lrg, in memoriam

EL SUEÑO ES UN SUSTANTIVO

sueño. lugar rocas color piezas concreto. lugar carácter balneario aire lugar cauce río Turia ciudad. cauce las orillas bies diagonal. personas lecho piedras matorrales la cornisa. explanada ciudad fondo metros metros pista fogonazos gestos miradas mujer palabras los detalles. carrera, sensación día, mar casa kilómetros. piernas salto hombre pelo cara cintura mano carrera. carretera desierto sensación otro país otro continente. carrera. metros pista, embestida. ocasión, movimiento brazo hombros suavidad ruido, duna bordes dispersión pigmento seda arena. ritmo zancadas. tubo obras interior. túnel tráfico sonido, prisa desierto. metros parte, sensación nada piernas corazón respiración sin saber nada más que esto.

SOÑAR ES UN VERBO

Escribo se esfume retengo Estoy parecen tiene es Estoy se parece serlo es cruza está tiene Voy caminando Estoy hablando me encuentro hay creo recordar llegar a saber Estoy pasa desaparecen preocupa estén estoy corriendo estoy me doy cuenta están corriendo vamos he tenido haber estado andando me duelen las siento Sigo corriendo estamos Me suena no lo conozco Seguimos corriendo noto sigo corriendo empujando continúa hay no tengo correr No sé pienso continúa Vuelve intentar sacarme aguanto Acelero Ya queda Y vuelve a hacerlo le pregunto lo hace hace no responde Empuja me zafo cae parece tiene es Se levanta sigue Escucho llegamos parece cabemos Al entrar se ilumina Pasar fuese es disminuye se desvanece Ya queda salir hacemos Hemos vuelto Sigo corriendo se ilumina Al ver he desconcertado se refiere quedan llegar. vamos está alcanzarme, estoy llegar seguimos corriendo tengo haberlo dejado seguir corriendo no ver por llegar sigo pesan siento latir me despierta sin saber nada más que esto.

LA GRAVEDAD DE LOS HUESOS CUANDO CAEN DE PIE SOBRE LA TIERRA

a.
Habría que preguntarse si algún día dejarán de ir. Decir: algún día conocerán el bautismo.

b.
Habría que iniciar, por ejemplo. Bajar la vista. Hace *como si.*

c.
La gravedad de los huesos cuando caen de pie sobre la tierra. Partirse en dos o en tres. Quebrarse en muchas.

d.
La súplica se hace en la inmensidad del muro. La súplica se hace bajo tu mano. La violencia del capital financiero nos hace llorar.

e.
Habría que avizorar, por ejemplo.

f.
Me llamo cuerpo que no está. Me llamo Agua Bendita. Me llamo Salario de Dios. Vivo dentro de un fresco que ha sobrevivido cientos de años. Dentro de un frasco con salmuera y formol. Recordar no pasa de ser eso.

g.
La compañía es lo que permanece en secreto. Y la salida. Todo lo que no se ve.

h.
De pronto. De repente. De súbito. Todo quiere decir lo mismo.

i.
Perder el camino, equivocar la salida, desviar la mirada. Eso es el aquí: un hueco.

j.
Los violentos pliegues de la tela cuando el torso se eleva. Habría que volver el rostro, por ejemplo. Manifestarse. Iniciar.

TELEGRAMA 1.0. PARA DOS INCREÍBLEMENTE PEQUEÑAS FORAJIDAS

[El texto se escribirá a doble renglón entre líneas y en mayúscula sostenida/ No se deberán dividir silábicamente las palabras/ Se deberán eliminar palabras innecesarias como: artículos, conjunciones y preposiciones/ Se usarán términos enclíticos, como "solicítole", "agradecémosle"/ Se deberá, en lo posible), utilizar palabras que no pasen de 10 caracteres.]

SOLICÍTOLES INFORMES PARADERO. ¿VOLVIÉRONSE
[FORAJIDAS?
VIVEN EN MUNDO SIN TRENES, AVÍSOLES. LAS
[FOTOGRAFÍAS ERAN
MENTIRAS. LA DISTANCIA NO HACE MÁS QUE CRECER.
[GUARECERSE
EN LA NOCHE: BIEN. EL CAMINO AMARILLO, SÍGANLO.
[PLATIQUEN
CON EXTRAÑOS: ÚNICA FORMA DE LLEGAR. QUIÉROLAS.
[CUÍDENSE
MUCHO. EL PAÍS POR DESAPARECER.

LA SEÑAL DE ALARMA DE TODOS LOS TIEMPOS POR VENIR

a.
Emprendimos el camino una madrugada de otoño. Un peligro tremendo. Un asunto involuntario. Las cosas dulces son así.

b.
Todo, a veces, se llena de alas o de miedo. El cielo, sobre todo. El cielo cuando es un cielo en demasía. Mis rastros, que son tuyos. De mí.

c.
Había que partir. Había que buscadas. Fuimos porque nos dijeron que allá. Eran un par de forajidas.

d.
No es del todo raro despertarse en el cuarto oscuro y sentir la asfixia esa de la felicidad. No es del todo raro recordar el sueño y, luego, olvidado. Todo para preguntarse dónde están. O cuándo.

e.
Lo recordaré. Lo recordaré todo, después. Al final.

f.
La estática temeridad del paisaje. El contexto. El verbo permanecer.

g.
Como a veinte mil metros de altura. Por la suerte. Entre los brazos. Una linda y hermosa criatura. Caí. En la nube. Ahí andaba.

h.
Preguntamos. Esculcamos el entorno. Corrimos despavoridos y, más tarde, regresamos. Le dijimos a todo mundo lo que hacíamos: buscarlas. Pusimos anuncios. Dimos parte. Partimos. Nos partimos en muchas partes.

i.
Recuperamos el hilo. Avanzamos sobre la carretera azul junto a un ejército de mudos. Lentamente es un adverbio muy largo. Abrimos los ojos. Una linda y hermosa criatura. Cualquier exageración.

j.
La mesura de los tiempos por venir. Lo que era un pueblo prehistórico al que visitarían los pájaros. Todo es futuro, dijo. Con un poco de suerte se les aparecerán en el camino.

k.
Pero qué es buscar si no subir escaleras. O saltar hacia el abismo de una mano abierta. O deslizarse por la pendiente de un color que se diluiría de otra manera. Pero qué es preguntar por tu paradero o por tu día o por el frío que te acontece de madrugada o que camina por tu columna vertebral. Qué es esto si no.

l.
Había que seguir buscando. Había que tocar puertas y esperar. Fue por eso que nos detuvimos en las orillas y tomamos café. Y escupimos. *El malestar en la cultura* es un buen título.

m.

Una procesión es una búsqueda generalizada. La señal de alarma de todos los tiempos por venir. Organizaremos el camino hacia ningún lado y las encontraremos ahí. Estoy segura de eso o de aquello. Estoy segura, sí.

TELEGRAMA 1.1. PARA DOS INCREÍBLEMENTE PEQUEÑAS FORAJIDAS

[El texto se escribirá a doble renglón entre líneas y en mayúscula sostenida/ No se deberán dividir silábicamente las palabras/ Se deberán eliminar palabras innecesarias como: artículos, conjunciones y preposiciones/ Se usarán términos enclíticos, como "solicítole", "agradecémosle"/ Se deberá, en lo posible, utilizar palabras que no pasen de 10 caracteres.]

PREOCUPACIÓN CRECE. BUSCAMOS EN CALLES
[ESQUINAS CASAS
PIEDRAS. INQUIRIMOS. REZAMOS INCLUSO. ¿QUÉ HACEN
[EN LAS
NOCHES DE FRÍO? ¿SE HACEN LOCAS FINGEN DEMENCIA
[OLVIDAN?
TEMEMOS LO PEOR. SOLICÍTOLES INFORMES PARADERO.
[QUIÉROLAS. PAÍS DESAPARECIENDO O DESAPARECIDO.

TODO ESTO FORMA LA CINTURA PÉLVICA

a.
Pero un ojo es sobre todo la garza que se posa en la memoria. El estanque o el estuario que. Lo citado o presentido en las líneas de la palma de la mano o en la pantalla del cielo. Una alucinación sin duda es un delirio.

b.
Quien diga maleza para referirse al jardín que se extiende en la parte posterior de una casa, exagera. Un ojo es a veces un estanque que yace en la maleza. Un ojo en Las Afueras, ahí donde.

c.
El pañuelo es un estanque, eso es cierto. Las glándulas lacrimales están alojadas en una fosa situada en la parte superior externa de la órbita de un ojo. Y un ojo es sobre todo la garza que se posa en la memoria, ya había dicho eso. O escrito.

d.
Antes es un lugar. Antaño es una esfera.

e.
Existen varias glándulas accesorias situadas en el párpado, conocidas como glándulas de Meibomio, cuya secreción también forma parte de una película a la que se le denomina como lagrimal.

f.
La línea del bajo que toca, apenas, el inicio de la columna vertebral. La cosa que asciende, vértebra a vértebra. Lumbares. Dorsales. Cervicales. La ventana sigue en su lugar.

g.
Los ojos han sido comparados con ventanas muchas veces, desde hace tanto. Y sin embargo, se abren. Describa eso.

h.
Están compuestas de agua, cloruro de sodio y albúmina, le digo. Ah, contesta. Albúmina.

i.
La pelvis es la región anatómica más inferior del tronco. Siendo una cavidad, la pelvis es un embudo ósteomuscular que se estrecha hacia abajo, limitado por el hueso sacro, el cóccix, los iliacos y los coxales. Todo eso forma la cintura pélvica. Todo eso regresa.

j.
Las fibras parasimpáticas viajan desde el nervio facial (séptimo par craneal) por medio del nervio petroso mayor y del nervio del conducto pterigoideo hasta llegar al ganglio pterigopalatino, lugar en el cual hacen sinapsis con los cuerpos neuronales y salen como fibras postganglionares.

k.
El nervio que recoge la sensibilidad de la glándula lagrimal es el nervio lagrimal, una rama del nervio oftálmico, a su vez rama del nervio trigémino.

l.
¡Mira lo que hace la ráfaga con el agua! Mira la superficie. Asoma.

m.
Quien diga maleza, exagera. Quien diga ojo, suerte, lagrimal. Exagerar es lo propio del lenguaje cuando se levanta, toma café y se dispone a bailar. A todo eso se le llama columna o cintura. Acaso un cuerpo. Es posible escribir un tratado sobre todo esto.

n.
Asomarse para ver el cielo. Qué va.

ñ.
Meibomio. Parasimpático. Craneal. Trigémino. Pterigoideo. ¿Dijiste albúmina?, pregunta. He dicho, sí.

o.
Lo contrario a asomarse debe ser estirar el cuello hasta ver el horizonte, que se va. La garza, que se posa. La memoria.

p.
¿Así que de esto se trataba todo? La frase que llega, toda ya formada, de algún lugar.

q.
Una fosa y una órbita. Entre todo ello, un ojo. Los estímulos que caen dentro de la resbaladilla en espiral del oído y el cielo, eso, adonde todo va.

r.

Quien diga planeta, exagera. Quien diga superficie terrestre o ráfaga. Quien diga que un pañuelo es un nudo que se hace en la garganta. Quien diga que se desata.

s.

Todo libro es una cita textual. Toda imagen. Todo sonido. Toda cintura pélvica y todo lagrimal. Toda fosa. Vamos al estanque, le decía. Y se echaba a maldecir y a rezar.

t.

Pero el ojo es sobre todo una máquina de letras. Exagera quien diga que sabe del azar. ¡Mira cómo se posa la calma sobre la superficie del oído! A esto se le llama dar de vueltas.

TELEGRAMA 1.2. PARA DOS INCREÍBLEMENTE PEQUEÑAS FORAJIDAS

[El texto se escribirá a doble renglón entre líneas y en mayúscula sostenida/ No se deberán dividir silábicamente las palabras/ Se deberán eliminar palabras innecesarias como: artículos, conjunciones y preposiciones/ Se usarán términos enclíticos, como "solicítole", "agradecémosle"/ Se deberá, en lo posible, utilizar palabras que no pasen de 10 caracteres.]

VIÉRONLAS FOTOGRAFIAR PELÍCANOS AL RAS.
  [VIÉRONLAS RUINAS
CAMPO ALASKA CIELO MUY MUCHO AZUL. VIÉRONLAS
  [SALONES
BAILE FINIMUNDISTAS LUZ EXTRAÑA. VIÉRONLAS REÍR.
  [TODO
REPORTE PURO ESPEJISMO: TEMO ESO. PAÍS POR
  [DESAPARECER O
DESAPARECIDO. REGRESEN SANAS Y SALVAS. QUIÉROLAS.

SU SOMBRA SU VAHO SU ESPECTRAL

a.
Es bueno cerrar los ojos a veces. Cavilar. Desvanecerse. Cuestión de tomar la salida equivocada y pestañear. Una puerta (escucha el rechinido). Un reino (la probabilidad). La nube que. Usted está aquí. Y allá.

b.
Habría que extender el límite de Legible, la frontera de ParaQué. Ponerse los zapatos es una operación muy larga. ¡Mira lo que esconde en su otra orilla el más allá! Habría que atarse las cintas con cuidado y revisar el estado de las suelas. Un empeine. La planta que siempre es la planta de los pies. Dos rodillas. Caminar es el antecedente. Levitar.

c.
Los pequeños objetos que cruzan la superficie terrestre, la superficie celeste, la superficie del mar. Ayer me hablaban de esas aves que duermen y vuelan al mismo tiempo. Un mes así. Días que son una eternidad. Su sombra su vaho su espectral.

d.
Todo mapa es un rostro y viceversa. El sonido se origina aquí. Poner atención es un arte de siglos. La pronunciación suele ser labiodental.

e.

Hay cuerpos diminutos, eso es cierto. Y, encima, el cielo o los cielos. A un lado la mano o las manos que. El color es un velo. Quiero escribir un libro que se llame *Las mil mesetas.* Quiero que se trate sobre *Capitalismo y esquizofrenia.*

TELEGRAMA 1.3. PARA DOS INCREÍBLEMENTE PEQUEÑAS FORAJIDAS

[El texto se escribirá a doble renglón entre líneas y en mayúscula sostenida/ No se deberán dividir silábicamente las palabras/ Se deberán eliminar palabras innecesarias como: artículos) conjunciones y preposiciones/ Se usarán términos enclíticos, como "solicítole", "agradecémosle"/ Se deberá, en lo posible, utilizar palabras que no pasen de 10 caracteres.]

RUÉGOLES INFORMACIÓN. MUNDO LLENO DE
[PELIGROS: EL
OLVIDO, POR EJEMPLO. TODOS CAMINOS LLEVAN
[ALGO A. CUÍDENSE
DE RÁFAGAS (VIENTO O BALAS, LO MISMO). VEAN NUBES.
[LEAN
NOTAS AIRE. PLATIQUEN ÁRBOLES BOSQUE. ACABÓSE
[FIN DEL
MUNDO Y ESPÉROLAS ORILLA MÁS LEJANA. EL PAÍS
[DESAPARECIDO
Y DESAPARECIENDO. QUIÉROLAS.

DARTE CUERDA

a.
La mano que se posa tan levemente detrás de una oreja. La voz, que vuela. Hay una rama que siempre se parte en dos. Entonces aparece la ventana. Entonces el a través. El pasado es algo que se quema.

b.
¡Mira cómo surge en este momento el humo de la conversación!

c.
Podría volver a caer. El después es una resbaladilla eterna. Existe el ojo que ve todo esto. Existe la mano, que se altera. En un lugar del mundo empiezan a veces Las Afueras. El ruido de las hormigas cuando avanzan en hilera, eso existe. El ruido de las teclas. ¿Escuchas de verdad el diminuto mecanismo de las máquinas que sueñan? La hoguera es la metáfora de la consumación.

d.
Lo que permanece es el árbol o la escalera. La superficie. El humo siempre es el humo del pasado que es un techo por donde atraviesan ciertas fieras. Es esto una huella. Alguien podría argumentar que caminar es un método efectivo para alejarse de una sombra. Escabullir. Dejar en paz. Se le da cuerda al reloj o al ahorcado o al que está a punto de caer por el abismo de una rueda. El asombro que produce a veces el incesante leve sedoso ruido de los juguetes mecánicos. Decir, que es un decir: hasta aquí el aquí.

e.

Los que mandan telegramas. Los que no tienen otra manera de decir es un decir. Los que extienden los brazos en forma de cruz. Los que colocan la mano abierta bajo el mentón más ralo.

f.

Los que se quedan pensando en algo.

g.

Si hubiera manera de transmitirlo. Una rama es un lugar o un regalo. Había una vez una cámara verde dentro de la que. Hay algo que siempre se parte en dos en algún lado. Ése es el agujero por donde las fieras. Las ciertas. Las tuyas. Las nuestras. Lo que tú respiras. Las criaturas pequeñísimas que entran y salen del cuerpo o del planeta. El virus del aquí.

TELEGRAMA 1.4. PARA DOS INCREÍBLEMENTE PEQUEÑAS FORAJIDAS

[El texto se escribirá a doble renglón entre líneas y en mayúscula sostenida/ No se deberán dividir silábicamente las palabras/ Se deberán eliminar palabras innecesarias como: artículos, conjunciones y preposiciones/ Se usarán términos enclíticos, como "solicítole", "agradecémosle"/ Se deberá, en lo posible, utilizar palabras que no pasen de 10 caracteres.]

DICEN VIÉRONLAS PADECER HAMBRE FRÍO SOLEDAD.
[DICEN
VIÉRONLAS BAILAR FUMAR REÍR. DICEN VIÉRONLAS
[CALLAR
INMÓVILES OTRO LADO VENTANA. DICEN VIÉRONLAS
[CORRER
DESPAVORIDAS HUIR. DICEN VIÉRONLAS CAER ABISMO
[CAJUELA
TUMBA. DICEN TANTAS COSAS. REGRESEN. PONGAN
[GRITO EN
EL CIELO EN EL CUERPO EN EL ÁRBOL. SIGAN
[INSTRUCCIONES
CAMINO A CASA. ESPÉROLAS ORILLA MÁS LEJANA: AQUÍ.
[EL PAÍS
DESAPARECIDO DESAPARECIENDO. QUIÉROLAS.

QUE DESPAVORIDAS NO

Marisela Escobedo, in memoriam

a.
Habría que entender algo. Mirar al cielo, por ejemplo. Mirar las palmas de las manos y avanzar a tientas. A veces es necesario tocar una pared y a veces es necesario rasguñar una pared. El dolor de las yemas de los dedos. El debajo de las uñas. El cerrojo de los dedos. El muro existe por el eco que lo tienta. El muro es tu contra qué. Hasta ahí llegaron ¿no es cierto? Lo que se hace en realidad es caer y, luego, de ser posible, volver a caer. Leer es sólo una forma de postrarse.

b.
Hablar y gatear son con frecuencia lo mismo. Que quiere decir tocar el suelo con las manos. Que no es, como el caminar, un movimiento sano y articulado y vertical. Que es retroceder en el tiempo, invadir la infancia o la sinrazón. Balbucir. Trastabillar. Que es quebrarse, entiéndase. Decir: Aquí. Decir: Duele. Repetido. Que significa no me levantaré. Que es pedir que regresen vivas, gatear. Tú ganas. Entiéndase. Caer de rodillas es un evento estelar.

c.
El que reza se postra. El que ruega. El que pide: que regresen vivas. El que murmura: que encuentren el camino a casa, que me oigan, que despavoridas no. El que mueve los labios tan suavemente tan dulcemente tan silenciosamente. Lo contrario de la confesión es la dádiva. Lo contrario de la uña.

d.
El que continúa rezando a través del cuerpo, bajo la bóveda, vuelta a la llave. El que pregunta: ¿Quién está?
dentro del cejo. Véase genuflexión, adoración, reverencia.
Véase miedo. Siéntase el terror. Habría que entender algo.
Mirar las manos vacías, por ejemplo. Sentir el peso del cuerpo
que no está. Rasguñar que es gruñir con los dedos. Tiritar.
Zaherir. Un muro también es una cosa hecha de sereno.

e.
El que pide o los que piden. Los que se unen para tomarse de
las manos y orar. Rogar es una acción infinita. La madre que
ve a través del velo de su hija. La hermana que espera. Un tío
o un primo que se parten. Un círculo espectral. Habrá que
desenterrar una puerta en el centro del muro. Una perilla
en el margen de un rectángulo. Una llave diminuta. Una
alcantarilla. La mano, que confía. El paso, que se da.

f.
Caer, que siempre es volver a caer. La repetición como el eco
o la sombra del eco o la mancha de la sombra del eco. Ayer
encendí cuatrocientas veinticinco velas. Consumir es una
forma de producir tiempo. Ésta es la cera con la que rehago
tu cuello, tu boca, tu pelo.

g.
Habrá que entender algo o ver algo o definitivamente caer
de bruces sobre algo. La fe es cosa de muros o de ciegos. El
que susurra: que regresen vivas. Que vuelvan. El que le da la
vuelta a la llave. El que pregunta: ¿Quién está?

[El sonido humanamente audible] [ondas sonoras] [oscilaciones de la presión del aire] [ondas mecánicas en el oído humano] [percibidas por el cerebro].

El mensaje fue un sonido. Una especie de murmullo o de canto.

"Pasaron por aquí. Las dos pasaron por aquí. Me preguntaron por mi pipa y, sin esperar respuesta, se zambulleron en el agua. Algo vieron allá abajo porque regresaron maravilladas. El silencio es a veces así. Luego se fueron tal como llegaron, escondiéndose apenas tras los oyameles, cuchicheando con su sombra. Los pasos: pequeñísimos. Su manera de levitar y de reír. Ya no supe más."

Es el viento, me dije. Es la falta de oxígeno y el mareo que provoca la altitud, me dije. Pero todo mundo sabe que la propagación del sonido involucra el transporte de la energía sin el transporte de la materia —esas ondas mecánicas que se propagan a través de estados sólidos, estados líquidos, estados gaseosos. Estas mecánicas. Estas ondas.

LO NUESTRO ES UN PURO MIRAR ESTE INSECTO DORADO

a.

Entra. Ve. Esculca. Se ha hecho antes. Un cuerpo es un cuerpo porque se abre. El cielo es a veces así. Del lat. *aperire*. 7. tr. Separar las partes del cuerpo del animal o las piezas de cosas o instrumentos unidos por goznes o tornillos de modo que entre ellas quede un espacio mayor o menor, o formen ángulo o línea recta. Las palabras suelen unir. Pero. No obstante. Sin embargo. Aunque. El objetivo no es la emoción o el consenso. El objetivo no es. Una personalidad destructiva ve encrucijadas en todos lados, alguien decía eso.

b.

Pero beber. Pero salir corriendo. La sensación de vómito sucede luego. Los órganos inversos: de arriba abajo y de abajo arriba. El camposanto, por ejemplo. Todo lo que está.

c.

Alguien habló del otoño. Decías que el tiempo ocurre y luego pasa y luego. Lo nuestro es un puro mirar este insecto dorado. La mano sobre el ventanal, esa postura que es en realidad una distancia. ¿Pero es esto, de verdad, la rama de un sauce? Algo podría quedarse o reñir con el aquí. La paciencia es cosa de niños o de ancianos. La demencia, por otra parte. Tu renuencia. Mi renuncia. Lo propio del sol es caer en la tarde, Ve. Apura. Inquiere. Se ha hecho antes.

d.

El fantasma es lo que cuenta.

e.

Dentro de un sobre, en una carta escrita a mano, hay palabras que. El viento mueve molinos, ¿sabías eso? La tinta verde es como una misma raíz. Lo que desorienta es la belleza de ciertos desastres naturales. La zozobra. La frase que se parte en dos sobre un papel muy fino. He ahí el espejo. ¡Mira este súbito latir! Mira la glándula. La muñeca.

f.

Érase que se hubiera. Habría sido. Será. Todo empieza alguna vez así.

g.

Diríase que hay mucho tiempo aquí. La oración es una oración porque se abre. La puerta. La ventana. La lata de conservas. Carcomer es algo que, en un principio, ocurre en las orillas. Mantente al acecho. Avizora. Predica o pródiga la sangre sobre el suelo. Esto me lo sé de memoria.

h.

Des- [confluencia de los prefs. lats. de-, ex-, dis- y a veces e-]: me desdigo y desempaco y descamino con desahogo despavorido.

i.

Pero existe, eso. El fin. Existe la expulsión. Existe salir a gatas de entre los labios de un muerto. Existe el muerto.

j.

Mi colección de sonidos: El trueno que parte el cielo en dos; el graznido de los cuervos al irse; los goterones de lluvia contra suelo. La risa de los niños. El batir de ciertas alas. La electricidad.

TELEGRAMA 1.5. PARA DOS INCREÍBLEMENTE PEQUEÑAS FORAJIDAS

[El texto se escribirá a doble renglón entre líneas y en mayúscula sostenida/ No se deberán dividir silábicamente las palabras/Se deberán eliminar palabras innecesarias como: artículos, conjunciones y preposiciones/ Se usarán términos enclíticos, como "solicítole", "agradecémosle"/ Se deberá, en lo posible, utilizar palabras que no pasen de 10 caracteres.]

IMAGÍNOLAS SIN MEMORIA SIN SUSTENTO SIN TECHO.
  [¿DENTRO DE
CAJUELA? ¿ATRÁS DE REJAS? ¿BAJO MUCHA TIERRA?
  [¿COLGANDO
DE PUENTE PEATONAL? MÍROLAS CAER MÍROLAS
  [OSCILAR MÍROLAS
VERÍDICAMENTE. TODAS NOVELAS IGUALES. ALGUIEN
  [DIJO
COMO ASÍ. HÁBLOLES VOZ BAJA MURMULLOS SEÑAS.
  [ENVÍOLES
INSTRUCCIONES TELEPÁTICAMENTE: ARRANCAR, VIRAR,
  [VOLVER,
LEVITAR, SOBREVIVIR, APARECER. HUMO DE CIGARRO:
  [AQUÍ
OCURRIÓ UN REMOLINO VUELTO MANO. ALGUIEN DIJO
  [QUÉ.
ESPÉROLAS ORILLA MÁS LEJANA. AQUÍ. PAÍS
  [DESAPARECIDO HA
SIDO IDO DO. QUIÉROLAS.

TAQUIFANTASMÁTICA

Alguien tocó a la puerta. Alguien deslizó esta hoja, estos signos, este sello. Alguien salió corriendo.

La respiración igual al viento que atraviesa los piñoneros. Ulular es una forma de no sentir. O de no estar.

La forma es el hueco.

Supongo que las dos Increíblemente Pequeñas Forajidas están en peligro. O están lejos.

Hay que sobreponerse a y tomar café. Hay que escupir.

Hay que.

ÍNDICE

enguin Random House Grupo Editorial, S.A.U.
ravessera de Gràcia, 47-49
CZ, 8021
S
ttps://www.penguinlibros.com/es/content/1334-seguridad-de-los-productos
eguridadproductos@penguinrandomhouse.com
34 93 366 03 00

he authorized representative in the EU for product safety and compliance is

enguin Random House Grupo Editorial, S.A.U.
ravessera de Gràcia, 47-49
CZ, 8021
S
ttps://www.penguinlibros.com/es/content/1334-seguridad-de-los-productos
eguridadproductos@penguinrandomhouse.com
34 93 366 03 00

BN: 9798890987303
elease ID: 156016905

www.ingramcontent.com/pod-product-compliance
Lightning Source LLC
LaVergne TN
LVHW041139150826
845673LV00001B/39

* 9 7 9 8 8 9 0 9 8 7 3 0 3 *